조건
없이
기본소득

# 조건 없이 기본소득

당신과 나의 기본소득!

바티스트 밀롱도 지음
권효정 옮김

바다출판사

| 차례 |

# 기본소득, 누구에게나 주는 월급

우석훈 (경제학자)

## 1

역사라는 것은 생각지도 못한 기괴함을 느닷없이 우리 앞에 보여 주기도 한다. 기본[basic]으로 돌아가자는 표현이 맞다고 생각하는가? 아니면 기본이라는 것은 그냥 게으르고 무능한 사람들이 자신의 실패를 교묘하게 감추기 위한 것에 불과하고, 기본을 뛰어넘는 무엇, 예를 들면 신기한 재주나 물리법칙을 뛰어넘을 정도로 강력한 정신력, 그런 게 더 중요하다고 생각하는가? 이건 철학적인 질문일 수도 있다. 그러나 여기에 소득[income]이라는 단어 하나를 더 붙여 질문해 보자.

기본소득이라는 단어를 들어 본 적이 있는가? 그렇다면 기본소득에 대해 어떻게 생각하는가? 들어 본 적이 없더라도 사실별 상관은 없다. 그렇게 어려운 개념도 아니다. 누구에게나 월급을 주자, 그런 얘기다. 어리거나 늙거나, 일을 하거나 하지 않거나, 하여간 한국에서 살아가는 사람이라면 누구나 최소한의 삶이 가능하게 기본적인 소득을 보장해 주자는 얘기다. 어려울 것은 없다.

자, 이제 뜻을 알았으니 기본소득을 찬성하는지 반대하는지 자신에게 물어 보자. 답변을 했는가? 어느 쪽이라도 좋다. 답변을 하는 순간, 그야말로 기본 입장은 정해진 것이다. 앞으로는 기본소득을 찬성하는 사람과 반대하는 사람 두 부류로 나뉠 것이다.

그러나 기본소득은 그렇게 간단하지 않은 문제다. 쉽게 찬성이냐, 반대냐 말하기에는 좀 뿌리가 깊은 논의 주제이고, 현실에서는 생각보다 많은 것들과 복잡하게 얽혀 있다. 한국 현실에서는 더더욱 복잡한 주제다.

아마도 기본소득을 반대하는 사람들은 〈조선일보〉 독자를 중심으로 포진할 것이다. 스스로 상식을 가지고 있고, 건전한 노동관을 가지고 있다고 생각하는 사람 대부분이 반대파를 형성할 것이다. 아마 가난한 사람이고 나이가 많다면 그리고 영남 출신이라면 기본소득이라는 제도에 대해 극렬하게 반대할 가능성이 많다. 그렇지만 이 제도는 생각보다 복잡하다. 그렇게 간단히 '저 빨갱이들의 포퓰리즘' 하며 넘어갈 수 있는 문제가 아니다.

## 2

미국 대통령에 닉슨이라는 사람이 있다. 정치인들 특히 대통령이나 수상이라는 자리에까지 오른 사람치고 복잡하지 않은 사람이 어디 있겠느냐마는, 닉슨은 특히 더 복잡한 사람이다. 워터게이트 사건으로 대통령에서 물러난 사람, 광적으로 도청을 하지 않으면 불안해서 잠을 못 자는 사람, 이렇게만 놓고 보면 정말 이상한 사람이다. 베트남 종전과 브레턴우즈체제 해체 등 닉슨 시대에는 자세하게 살펴봐야 할 일들, 특히 경제적 조치들이 적지 않다. 케네디는 평화, 닉슨은 전쟁광, 이렇게 간단하게 가를 일이 아니다. 사실과는 좀 다르다.

그런데 기본소득을 미국에서 실제로 실시하려고 했던 사람이 바로 이 닉슨이란 거다.

> 밀턴 프리드먼의 조언과 수천 명의 경제학자들의 청원에 공화당 출신 리처드 닉슨 대통령은 가족 부조 계획의 틀에서 음의 소득세를 도입하려 했다. 물론 이 계획은 수많은 우려와 반대에 부딪혔는데, 가장 큰 이유가 '근로 의욕'이 떨어질 위험이 있다는 것이었다. 수많은 논란을 잠재우기 위해 의회는 거액의 연구비를 들여 음의 소득세가 낳을 수 있는 사회, 경제적 영향을 조사했다. 그러므로 음의 소득세는 최초의 대규모 사회과학 프로젝트였다. -본문 124쪽에서

그리고 기본소득의 또 다른 경제학 용어인 '음의 소득세'를 주

장했던 사람이 요즘 신자유주의 흐름의 원흉 정도로 이해되는 바로 그 밀턴 프리드먼이다. 여담이지만, 프리드먼과 닉슨은 왠지 잘 어울린다. 여하튼 그 시기에 미국이 일하지 않는 사람에게도 돈을 주는 기본소득에 대해 고민했다는 사실이 보통 사람들의 상식으로는 이해가 되지 않을 것이다. 그러나 실제로 있었던 일이다.

60년대 후반은 68혁명이라는 대중의 집단적 요구가 폭발하던 시기다. 그 흐름에서 미국도 예외는 아니었다. 영화감독을 꿈꾼 사람이라면 한 번쯤 롤모델로 생각했을 조지 루카스[영화 〈스타워즈〉 감독] 같은 이들이 이 격변기에 대학을 다녔다.

또 한편에서는 냉전이라는 시대 상황도 있었다. 미국과 소련 양쪽에서는 어떻게든 자신들의 경제 시스템이 더 우수하다는 것을 대중에게 증명할 필요가 있었다. 폴 크루그먼이 '대압축 시대'라고 한 이 시기에 미국은 그 어느 때보다도 경제적 차별이 적었다. 빈부 차가 지금처럼 크지 않았고, 중산층이 폭넓게 형성돼 미국 경제를 튼튼하게 떠받치고 있었다. 자본주의가 가장 공평하게 돌아갔으며, '호혜'라는 표현을 써도 무방할 만큼 다른 나라에도 경제적 지원을 아끼지 않던 시기였다. 냉전이라는 특수 상황은 지금 보면 불가능해 보이는 많은 것을 가능하게 해 주었다. 그중 대표적인 것이 기본소득이다.

그렇지만 닉슨이 실각하면서 기본소득에 대한 논의도 줄어든다. 알래스카에서 미국판 기본소득 시범 사업이 시작되었지만,

기본소득에 대한 사회적 열기가 식으면서 알래스카 이외의 지역으로는 확대되지 못했다. 그러나 알래스카 사례는 일반화하기 어렵다는 평가가 많다. 석유라는 충분한 경제적 기반이 있어 가능했다는 것이다. 물론 이 설명에는 좀 갸웃하게 된다. 그렇다면 석유가 많이 나는 나라들은 다 기본소득을 경제적 장치로 사용할 수 있는가?

닉슨의 시대가 좀 더 오래갔다면 최소한 경제적인 측면은 지금과는 달랐을지 모르겠다. 닉슨 이후 레이건은 물론 클린턴까지 미국에서 복지라는 주제를 관통하는 단어는 생산적 복지[workfare]다. 일을 해라, 그러면 일하는 것보다 더 많이 주겠다, 그렇게 요약할 수 있는 워크페어는 좌우 혹은 진보/보수를 가리지 않고 한 시대를 풍미한 개념이다. 마거릿 대처 이후 영국 경제를 새롭게 정비해야 했던 토니 블레어 전 영국 총리가 신경 썼던 것 역시 생산적 복지다. 생산적 복지가 좋으냐 나쁘냐의 문제가 아니라 이 시대에는 다 그렇게 생각했다.

재임 시 노무현 대통령이 마지막으로 만든 조직이 '함께 일하는 재단'이다. 노 대통령이 한 일 중에는 당연하겠지만, 좋은 것도 있고, 나쁜 것도 있다. 그중 가장 좋은 것을 꼽으라면 나는 함께 일하는 재단을 만든 것을 꼽겠다. 이명박 정부가 들어서자마자 전임 대통령이 했던 많은 것에 'undo' 즉 취소 버튼이 눌러졌다. 청와대 지하 벙커에 만든 우수한 재난관리시스템도 바로 취소 대상이 되었다. 그러나 함께 일하는 재단은 없애지 못했다.

오히려 청년 실업 대책 일환으로 더 재단을 확장했다. 이후에 협동조합기본법으로 넘어가는 일련의 정책 씨앗이 이때 뿌려진 것이라고 할 수 있다.

이명박 정부가 '함께 일하는 재단'을 결국 못 없앤 이유 중 하나가 '함께 일하는'이라는 수식어에 있을지도 모르겠다. 어쨌든 일하는 사람을 지원하겠다는, 오랫동안 전 세계적으로 그리고 한국에서는 특히 더 공고한 이념 말이다. 잠시 근면, 자조, 협동의 새마을 정신을 떠올려 보자.

일이 없으면 만들어서라도 해라, 정 안 되면 삽질이라도 해라, 이런 게 생산적 복지다. 실제로 한국은 경제위기 때마다 토건 중심의 사업을 벌이면서 정말로 할 일이 없으면 삽질이라도 했다. 바다도 메우고, 더는 메울 바다가 없으니까, 강바닥도 팠다.

이런 삽질 경제의 시대도 한국에서 거의 끝나 간다. 일할 게 없는데 어쩌란 말이냐? 이 생산적 복지를 붙들고 버틸 만큼 버텼지만, 실업 문제를 더는 해결할 수 없게 되자, 그렇다면 일자리를 당신이 만들어서라도 해라, 이런 상황이 되었다. 창업을 대안으로 들고나온 것이다. 창업 논리를 끝까지 밀어붙인 창조경제가 정부 경제 운용의 기조가 되었다. 이제는 생산적 복지, 일하면 돈을 주겠다는 한 시대를 풍미했던 그 논리가 더는 버틸 수 없는 상황에 이르렀다.

## 3

닉슨이 부분적이긴 하지만 기본소득을 실시할 뻔했던 것처럼 한국에서도 그런 시기가 잠깐 있었다. 2012년 대선 기간에 박근혜 후보는 65세 노인들에게 20만 원씩 지급하겠다는 공약을 내걸었다. 그러나 당선 이후 이 공약은 성격을 바꾸게 된다.

정부는 예산이 없어서… 이런 얘기를 하지만 앞뒤 상황을 맞춰 보면 새 정권이 기초노령연금 실시를 그렇게 극렬하게 반대하면서 싫어했던 이유는 예산 부족 때문이 아니다. 비록 부분적이고 제한적이기는 하지만 기본소득 성격이 강한 제도를 도입하기가 싫었다고밖에 볼 수 없다.

세금을 더 걷는 것은 오히려 큰 문제가 아니다. 더 걷을 수도 있고, 안 걷을 수도 있다. 기본소득 재원은 정부 지출을 다양한 형태로 줄이고 개선해 마련할 수 있다. 진짜 문제는 부자들에게도 돈을 준다는 사실, 그것이 아닐까? 이건희 자식에게도 무상 급식을 줘야 하느냐, 이 무상 급식 논쟁이 이제 '타워팰리스에 사는 노인'들에게도 기초연금을 주어야 하느냐로 바뀐 것이다.

1년이 넘는 공방전 끝에 제도는 만신창이가 되었다. 국민연금 가입 기간은 물론 자식에게 물려준 유산을 어떻게 재산 가치로 환산할 것인가 하는, 기기묘묘한 기준까지 마련해 타워팰리스에 사는 노인에게는 절대로 돈이 가지 않는 방식으로 기초연금에 관한 법이 국회에서 통과되었다. 비록 노인들로 국한된 제도이지만 기본소득 거의 앞에까지 갔던 기초노령연금은 결국 수많은 계산식과 추정식을 동반한 이상한 것이 되고 말았다. 자신이 얼마나 받을 수 있는지, 아니 받을 자격이 있는지 없는지를 알려면 한 번쯤은 복잡한 계산을 거쳐야 한다.

그 한편에서는 생활임금이라는, 또 다른 변형된 기본소득이 실제로 도입되기 시작했다. 이 제도는 지자체별로 조례를 통해 공공 부문의 청소노동자 등에게 최저 수준의 생활이 가능할 수 있도록 법이 정한 최저임금보다는 더 높은 임금을 주도록 하자는 것이다. 넓게 보면, 이러한 제도도 기본소득의 연장선 위에 있다고 볼 수 있다.

부자에게도 돈을 줄 것인가, 일하지 않는 사람에게도 돈을 줄 것인가, 이 물음들은 한동안 전 세계를 뜨겁게 달굴 것이다.


**4**

2013년 스위스에서 기본소득 도입을 국민투표에 부치기 위한 서명운동이 성공하면서 전 세계 이목이 쏠렸다. 물론 스위스에서는 이전에도 최고임금과 최저임금 비율, 사회적 임금과 월급 수준 등에 관한 논의들이 있었다. 그렇지만 이렇게 본격적으로 기본소득이 국민투표 안건이 되리라고 예상한 사람은 많지 않았을 것이다. 예산안 마련 등 여러 기술적 문제가 아직 남아 있기 때문에 기본소득안이 단번에 국민투표로 통과되기는 쉽지 않을 것이다. 여러 형태로 계속 변화해 가면서 진화하지 않을까.

좋든 싫든, 최저임금제가 전 세계적 유행이 되어 버렸다. 비록 원하지는 않았지만 냉전 시대에 자본주의 국가들은 소련보다는 자신들이 더 낫다는 것을 보여 주려고 관용과 지원을 골자로 한 경제를 운용했다. 그러나 90년대 동유럽이 붕괴된 이후 더는 그런 시혜적 대책을 유지할 필요가 없어졌다. 그래서 일하는 사람들을 쥐어짤 대로 쥐어짜는 일이 벌어졌다. 조금 더한 나라가 있고, 덜한 나라가 있을 뿐이었다. 그 어느 때보다도 자본은 가혹하게 굴었다. 부자는 더욱 부자가 되고, 가난한 사람은 더욱 가난해졌다. 최초의 무자비하고도 가혹했던 자본주의는 1929년 대공황과 함께 한 번 수정되었다. 복지국가라는 새로운 틀이 등장했지만, 사회주의 몰락 이후 다시 맨 얼굴을 드러낸 것이다.

그 결과, 경제적 격차가 사회적 격차로 이어지는 지경에 이르렀다. 이 과정에서 경제적 약자들이 정말로 막다른 골목으로 몰리게 되었다. 청년과 여성, 이주노동자 등이 그들이다.

프레카리아트(Precariat)는 청년들의 경제적 위기를 표현한 신조어다. 불안정을 뜻하는 프레카리오(Precario)와 프롤레타리아트(Proletariat)가 결합된 말이다. 대다수 청년이 위태로운 비정규직으로 몰리면서 연애도, 결혼도 하지 않는 현상도 심해졌다. 프랑스 정도가 출산율을 가까스로 회복했을 뿐, 대다수 나라에서는 많은 노력에도 저출산율 해결책을 찾지 못하고 있다. 이런 현실에서 경제적 격차가 지금보다 더 커진다면, 가족이라는 제도 자체에도 문제가 생길 것이다. 우리나라는? 아직도 뭐가 문제인지

조차 모르고 있는 것 같다.

알아서 일하면 된다고 하지만, 자국민을 위한 좋은 일자리를 만들어 내기 어려운 것은 선진국도 대체적으로 겪는 문제다. 이 문제에 대해선 뾰족한 대책이 아직까지 없다.

'그림자 노동'이라고도 불렸던 여성들의 가사노동 문제도 있다. 가사노동은 시장에서 임금으로 지급되지 않는다. 전업주부의 가사노동을 포함시킨 GNP를 계산하자는 얘기에서 국가가 가사노동을 돈으로 지급하자는 방안까지 다양한 얘기가 있었지만, 현재로서는 여성들도 일을 하라, 이 방향으로만 흘러가고 있다. 그렇다면 일을 하지 않는 여성은? 그걸 우리가 어떻게 해결을 해, 국가는 만능 기구가 아니야, 그게 지금까지의 자세다.

이런 여러 문제에 대한 해결책으로 기본소득이라는, 오랫동안 학자들의 테이블에서 잠자던 방안이 다시 세상 밖으로 나왔다. 얼마를 줄 거냐, 누구에게 줄 거냐, 재원은 어떻게 마련할 거냐, 앞으로도 지난하게 논의해야 할 것이다. 그렇지만 케인스 시절의 뉴딜에 비하면 오히려 기본소득은 더 단순하다. 지금의 복지 제도와 비교했을 때 기본소득의 가장 큰 장점이 바로 이 단순함 아니겠는가.

박근혜 정부가 타워팰리스에 사는 노인에게는 절대로 한 푼도 안 주겠다고 굳게 다짐을 하면서 제도가 한없이 복잡해지는 것과 비교해 보자. 자살로 삶을 마감한 세 모녀 문제를 해결하겠다고 하면서 공무원 수천 명을 새로 뽑는 게 지금의 현실이다. 사실 세 모녀 문제는 기본소득으로 비교적 단순하게 풀 수 있었다. 비록 금액이 많지는 않더라도 세 사람 몫을 합치면 자살에 이르는 정말 최악의 상황은 피할 수 있지 않았을까.

뭔지도 모르고 기본소득의 한국 버전이 될 수도 있었을 기초노령연금을 공약으로 내걸었다가 뒤늦게야 자신들이 뭘 하려 했는지 깨닫고는 차라리 욕먹는 편을 선택한 박근혜 정부가 처한 현실을 보자. 20세기 초반 10년이 지난 지금, 수많은 나라에서 기본소득에 관해 연구하고 시범 사업도 벌이려 한다. 이런 현실에서 박근혜 정부는 착해서가 아니라 안 하면 나라가 망하게 생겼기 때문에 기본소득을 변형해서라도 실시하지 않을 수 없게 되었다.

자, 이제 우리도 좋든 싫든, 그 초입에 들어섰다. 부자에게도 돈을 줄 것인가?

이건 논리적으로 간단한 문제다. 부자는 세금을 상대적으로 많이 낸다. 그들에게 자신이 낸 세금의 일부를 돌려주는 게 도대체 기술적으로 뭐가 문제겠는가? 이건 순전히 '기분학상'의 문제다.

기본소득은 이제 막 테이블에 올라왔다. 그러나 몇 년 안에 시행할 국가나 지역이 늘어날 가능성이 많다. 도시들도 서로 경쟁한다. 더 나은 지역을 만들기 위해 국가가 움직이기 전에 지자체가 먼저 움직일 가능성도 많다.

독자 여러분에게 다시 묻는다. 기본소득을 지지하는가, 반대하는가? 이 질문은 앞으로 10년 가까이 한국에서 가장 중요한 질문이 될 것이다. 그리고 우리는 이 질문에 대한 입장에 따라 서로 다른 자리에 앉아 있게 될 것이다. 당신은 어느 쪽인가? 찬성하든 반대하든, 여하튼 기본소득이라는 게 뭔지 알아야 하는 것이 이 시대의 기본 상식이 되어 버렸다. 어쩌겠는가? 세상이 그 방향으로 가고 있으니.

프롤로그

# 유토피아… 글쎄?

"우리는 워낙 심각한 사회, 경제적 불평등에 익숙해져 있어 이런 현실에 아무런 불편함도 느끼지 못하곤 한다. 사람은 저마다 소중하다. 그런데도 아주 놀라운 사실은 인류가 생각해 낼 수 있는 가장 효율적인 사회 시스템에서도 수많은 사람이 '그저 괜찮은 수준'의 생활조차 유지하기 불가능한 극빈 상태에 놓여 있다는 것이다. 반면 어떤 이들은 유복하게 태어나 어마어마한 돈을 만지며 '그저 괜찮은 수준'을 훨씬 뛰어넘는 삶을 향유하며 마음껏 자유를 누린다. 이러한 현실을 바꾸려고 할 때 부딪힐 어려움이 만만하지는 않을 것이다. 그렇다고 해서 이러한 현실에 분개하지 않아도 되는 것은 아니다."

— 토마스 네이걸《평등과 편견》[1]

현재 프랑스에서 '중간소득'의 50퍼센트에도 못 미치는 수입을 올리는 빈곤층은 4백만 명이 넘는다.[2] 평가 기준을 바꾸면 8

백만 명도 넘는다.[3] 2000년대 초반 이래로 빈곤층은 갈수록 늘어 나고 있다.

프랑스에서는 현재 약 70만 명이 정해진 거처가 없어 친척 집 이나 쉼터를 전전한다. 약 3백만 명이 비좁고, 비위생적이며, 심 지어 물이 안 나오거나 전기도 안 들어오는 열악한 주거환경에 서 살아간다. 2006년도 조사에서는 성인의 14퍼센트가 돈이 없 어 치료를 못 받은 적이 있다고 응답했다.[4] 16세 이하 청소년 10 명 중 1명은 제대로 먹고 입지도 못하고 있으며[5], 어린이 6명 중 1명은 빈곤 상태에 있다고 조사되었다('중간소득'의 60퍼센트 이하로 생활).

이런 암울한 통계는 끝없이 나열할 수 있다. 이제, 간단한 원 칙을 하나 세우자. 프랑스처럼 부유한 나라에서는 필수 재화와 서비스를 누구나 쓰고 누릴 수 있어야 한다는 것이다. 누구라도 살 만한 집, 좋은 음식, 충분한 물과 에너지, 보살핌을 누려야 한 다. 교육받고, 문화를 누리고, 교통·통신수단을 사용할 권리 역 시 뺏겨서는 안 된다. 물론 우리가 모두 좋다고 여기는 재화와 서비스들을 여기에 추가할 수도 있을 것이다. 끝이 없겠지만.

그것으로 문제가 모두 해결되는 것은 아니다. 10여 년 전부터 프랑스에서는 생활수준 차이가 심해지고, 부가 너무나 불평등하 게 분배되고 있다. 상위 10퍼센트(2010년 기준 가구당 재산 120만 유로 이상)가 국가 전체 부의 반에 가까운 48퍼센트를 소유한 반면, 하 위 10퍼센트(가구당 재산 1500유로 이하)는 고작 전체 부의 1퍼센트를 소유하고 있을 뿐이다. 이런 것이 바로 경제적 불평등이다. 물론 부의 불평등만으로 사회적 불평등의 온갖 폐해(예를 들면 소득이 낮을수록 기대 수명이 낮고, 문화생활을 덜하며, 사회적 지위가 높은 자리에 오를 가능성이 적다)를 통계적으로 증명하기는 어려울 것이다. 그러나 소득이 사회적 불평등을 낳는 유일한 것은 아닐지라도 핵심 요인임은 분명하다.

그러므로 민주주의 사회에서, 또한 민주주의가 지속되기를 원한다면, 소득 격차는 엄격하게 관리되어야 한다. 태생적 불평등을 뿌리 뽑고, 능력중심사회에서 기회의 평등, 더 나아가 결과의 평등을 추구하는 사회가 되어야 한다.

미국의 평등주의 철학자 토마스 네이걸은 "이러한 현실을 바꾸려고 할 때 부딪힐 어려움이 만만하지는 않을 것"이라고 했다. 그러나 그것이 두려워 망설이거나 시도조차 하지 않아서는 안 된다. 그러므로 한 번 시도해 보자. 만일 우리가 소득을 받을 권리를 부르짖는다면? 아무런 조건도, 어떠한 대가도 없이 모든 시민이 '기본소득'을 받는다면? 또 그러기 위해서 구직 노력을 보이거나, 사회의 충실한 일원이 되겠노라 서명을 하거나, 공익 근로를 하거나, 지급 기관의 창구 앞에서 자신의 어려운 형편을 구구절절 설명하지 않아도 된다면? 심지어 굳이 지급을 신청조차 할 필요가 없다면? 충분한 돈이 모두에게 지급되고, 그 돈을 평생 받을 수 있다면 어떨까. 가족이 몇 명이든, 직업이 무엇이든, 월급이 얼마든, 재산이 얼마든 일정한 돈이 모두에게 공평하게 지급된다면, 더욱이 그 돈을 다른 모든 소득과 함께 받을 수 있다면? 하고 싶은 일을 마음껏 하라고 각자에게 지급되는 돈, 그러한 소득은 모든 사람이 사회적인 부를 창출하는 데 기여한다는 명목으로 주는 돈이다. 그렇기에 빈곤을 퇴치하고, 사회적인 불평등과 부당함을 줄이며, 개인을 자유롭게 할 것이다.

빈곤을 퇴치한다고 말하는 이유는 기본소득은 우선 모든 개인에게 자동적으로 지급되는 돈이기 때문이다. 이 제도에 대해 잘 몰라도, 심사 창구 앞에서 느끼는 심리적 불편함 때문에 지급 신청을 하지 않아도 받을 수 있고, 대상자 선정 조건도 없다는 점에서 현재 실시되고 있는 사회최저급부제도(minima sociaux, 한국으로 치면 기초생활보장제도-옮긴이)와는 다르다. 그러므로 빈곤선 수준이거나 그보다 약간 높은 기본소득을 보장한다면, 사회적 빈곤은 사라질 것이다.

사회최저급부제도보다 더 효과적일 수 있는 '기본소득'은 원조나 연대의 차원을 떠나 사회적 정의 차원에서 소득에 대한 인간의 근본적인 권리를 실현한다. 그렇기 때문에 사회최저급부제도나 기타 복지수당을 받을 때 수령자에게 찍히는 낙인을 없앨 수 있다. 또 사회최저급부제도가 수령자를 '채무자' 취급한다면, 기본소득의 경우에는 모든 이가 사회적 부를 창출하는 데 참여하는 대가로 지급되는 돈이기 때문에 일종의 권리 행사로 볼 수 있어 사회가 채무자가 된다. 왜냐하면 기본소득은 모든 시민의 활동이 사회적으로 쓸모 있고, 그 활동이 사회에 기여한다고 인정하기 때문이다. 따라서 사회는 시민들이 어떤 활동을 하건 그 활동에 최소소득을 지급해야 할 의무를 지는 셈이다.

기본소득이 도입되면 불평등도 줄일 수 있다. 순수하게 수학적 관점에서만 볼 경우, 가장 부유한 납세자들에게서 세금을 많이 거둬 가장 가난한 시민들에게 우선 지급함으로써(이에 대해서는 뒷장에서 자세히 살펴보자) 소득 격차를 줄일 수 있다(좀 더 확실히 하려면 초고소득자 과세제 도입을 장려할 수밖에 없다). 그렇게 하면 교육, 문화, 여가의 평등 또한 쉽게 실현할 수 있고, 태어나면서부터 지급하면 출발선상의 불평등도 줄일 수 있다.

결국 기본소득은 개인을 사회, 물질적으로 자유롭게 해 준다. 생존의 문제에서 놓여나고, 고역 같은 일에서 해방시킨다. 시민 각자가 자신이 선택한 일에 몰두할 수 있고, 원하는 일이라면 무엇이든 자유롭게 할 수 있다.

유토피아라고? 바로 그것이다. 의지만 있다면 충분히 실현 가능한 유토피아! 우리는 이 유토피아를 실현하기 위해 존재하는 것이고, 기본소득이 실현되리라는 염원을 안고서 그 목표를 향해 묵묵히 끊임없이 내딛어야 할 것이다.

1장

# 조건 없이
# 모두에게 월급을!

한국에서도 기본소득에 관해 논의하고 있다고 들었다. 프랑스의 경우 1980년대부터 특히 최저통합수당 제도 도입을 놓고 갑론을박할 때부터 주요 논제였다. 이후로도 정치적 주요 이슈로 떠올랐다 사그라지기를 반복했고 지금도 그러하다. 이 장에서는 생존소득, 시민소득, 사회소득, 보편소득 등 여러 소득을 소개한다. 모두 기본소득의 다른 이름이다. 정당이나 정책 입안자에 따라 명칭이 조금씩 다를 뿐이다. 각 소득들에 담긴 철학과 논리 등을 들여다보자.

# 여러 이름

미리 밝혀 두는 것이 나을 듯하다. 기본소득은 좌파적인 개념이다. 이것을 알려 두는 편이 나은 이유는, 많은 좌파 운동가가 기본소득이 자유주의 우파(경제성장, 이윤 추구, 작은 정부를 지지한다.-옮긴이)에서 나온 아이디어라고 믿고 있어서다. 그도 그럴 것이 신자유주의 선봉장이라 할 수 있는 경제학자 밀턴 프리드먼(Milton Friedman)이 1960년대 미국에서 기본소득을 옹호하지 않았나? 그러나 자유주의 우파가 지지한 기본소득이 진정 좋은 정책이었을까? 당시 우파가 할 수 있는 일이란 뭐였을까? 이런 의문을 품은 좌파 지지자들은 '기본소득'을 가던 길에서 밀쳐 내 버리거나 기본소득이라는 생각 자체에 격렬하게 반대하는 것으로 충분했을 것이다.

녹색당 의원이자 반성장주의자인 이브 코셰(Yves Cochet)와 자유민주당 당수를 지내고 시라크 정부에서 경제부 장관이었던 알랭 마들랭(Alain Madelin), 정치 노선이 다른 이 두 의원이 공통적으로 주장했던 바는 무엇일까? 바로 '생존소득(revenu d'existence, 모든 개인에게 조건 없이 지급되는 소득-옮긴이)' 도입이다. 그렇다면 알랭 카이에(Alain Callé, 사회경제학자. 프랑스 뉴 레프트 창시자-옮긴이)와 알랭 드 브누아(Alain de Benoist, 철학자. 프랑스 뉴 라이트 창시자-옮긴이)의 공통점은 무엇일까? '시민소득(revenu de citoyenneté)' 도입을 주창했다는 점이다. 다시 말해 모스의 창립자와 뉴 라이트 주창자 모두 시민소득을 옹호한 것이다.

드 브누아가 쓴 시민소득은 카이에가 처음 만든 개념이다. 카이에는 뻔뻔스런 도둑질이라며 이 사실을 폭로했다. 그러나 말은 같아도 카이에의 시민소득이 드 브누아의 시민소득과 꼭 같지는 않다. 마치 코셰의 생존소득과 마들랭이 주장하는 생존소득이 실제로는 아무 상관이 없듯이 말이다. 그러므로 사실상 기본소득을 우파와 좌파에서 모두 지지한다고 해도 별 의미는 없다. 형식은 같아도 계획 자체는 전혀 다르기 때문이다. 개념이 비슷해 그 차이가 크다는 사실을 못 느낄 수 있지만, 생존소득·보편소득·사회소득 등의 의미는 좌파, 우파에 따라 다르다. 양측은 지향점이 전혀 다르므로, 같은 제도라고 생각할 수 없다. 속을 보면 완전 색이 다르다.

## 그 시민이 아니다

'시민소득'부터 보자. 2011년도 초, 도미니크 드 빌팽(Dominique de Villepin) 국무총리가 나서서 시민소득을 주창하기 시작한다. 그러나 그가 말하는 '시민' 개념은 우리가 열망하는 시민이 아니다. 매우 좁은 의미의, 문자 그대로 국수적인 의미의 시민이기 때문이다. 이는 교묘하게 계획된 배척의 논리이고, 오늘날 사회보장제도에서 흔히 가져다 쓰는 논리이기도 하다.

그러나 좌파 쪽에서 말하는 시민의 의미는 이런 편협한 뜻이 아니다. 시민권자들만을 가리키는 것이 아니라 모든 거주민, 모든 정치공동체 구성원, 자신이 속한 사회에 경제, 사회적으로 기여하는 모든 이를 가리킨다. 달리 말하면, 사회가 풍요로워지는 데 기여하기 위해 꼭 귀화할 필요는 없지 않느냐는 말이다. 하지만 풍요에 기여하는 것이 실질적으로 시민성을 함양시킨다는 것은 두말할 나위가 없으며, 시민소득을 받을 수 있는 권리와도 직결된다.

그러므로 시민소득의 목적은 한 국가의 시민에게 특별한 권한을 주자는 것이 아니고, 원하는 이들에게는 공동체 안에서 삶을 영위할 수 있을 만큼 돈을 주자는 것이다. 이는 새로 오는 사람들(이민자들-옮긴이), 다시 말해 미래에 우리 동반자가 될 '손님들'에게 손님이라는 이름에 걸맞은 환대를 해 주자는 의미다. 이렇게 논리를 이어 가 보면 시민이라는 개념은 지역적인 한계를 설정하지 않는다. 오늘날 정치 현실을 감안하더라도 시민소득을 국가 혹은 지역, 광역권으로 확대 적용하는 것이 맞을 듯하다.

그럼, 유럽소득을 만드는 것은 어떨까? 앞서 말했듯이, 기본소득의 적용 범위를 결코 국가나 대륙으로 한정해서는 안 될 것이다. 세계시민권을 주창하는 사람들의 의견에 따라 전 세계적 소득을 생각해 볼 수 있다. 이는 우리가 이상으로 간직해야 할 정책이다. '전 세계적 소득'의 일차적인 의미는 우리가 현재 살고 있는 이 풍요로운 지구에서는 모든 개인이 필수 재화와 서비스를 사용하고 누릴 수 있어야만 한다는 것이다.


## 가난을 증명하지 않을 권리

또한 시민소득이 빈자나 극빈자들을 위한 자선 개념이 되어서는 안 된다. 우리 손가락이 곤궁한 이들을 향하고 있어서는 안 된다. 그들에게 보조금을 받으려거든 심사 창구 앞에서 당하는 굴욕쯤은 감내하라고 요구할 권리가 우리에겐 없기 때문이다. 예산 확보 문제 혹은 정치적인 신념 때문에 어떤 이들은 차등 지원할 것을 주장하기도 한다. 재산에 따라 지급액을 정하자는 말이다. 이런 주장 밑바닥엔 '관용'이 깔려 있는데, 이런 관용이나 연대감, 자선이 제도를 도입하는 핵심 취지가 되어서는 안 된다. 그럴 경우 '원조'의 함정에 빠질 위험이 있기 때문이다.

일부 좌파는 시민소득을 '사회소득'이라 부른다. 사회소득은 사회적 연대를 위한 소득으로, 가난한 사람들에게 준다. 일부 사회소득 지지자들은 대량실업이 만연한 현실을 이유로 자신들의 주장을 정당화하고, 필수 불가결한 것이라 호소한다. 그러나 일자리를 구하려고 노력하지만 번번이 퇴짜 맞는, 사회가 거부하는 장기 실업자들에게 계속 활발히 구직 활동을 하라고 요구하는 것은 너무 비인간적이지 않은가? 그들에게 괜찮은 삶의 수준을 보장해 줌으로써, 잔인하고 모순된 '구직'이라는 멍에에서 벗어나게 하는 편이 더 낫지 않을까?

좌파의 서툰 관용, 우파의 진저리 나는 실용주의…. 자선의 성격을 띤 소득을 가난한 이들에게 지급하는 것은, 사회의 평화를 돈을 주고 사겠다는 의미이고, 소외를 견딜 만한 것으로 만들어 결국엔 불평등을 심화시킬 것이다.

이처럼 조건이 달린 사회소득은 "지구상의 좌절한 이들의 마음을 달래 줄 만한(혹은 달래 주기에 충분한) 여흥과 먹을거리"를 제공하는 것과 같다. 도미니크 드 빌팽이 밀고 있는 시민소득의 골자는 그 누구도 인간 존엄성을 잃지 않도록 하는 데 있다. 부에서 소외된 사람들에게 적당히 온정을 베풀어 그들의 화를 가라앉히는 것, 이것이 바로 우파의 핵심이다. 이는 모든 이가 사회적 부를 창출하는 데 기여한다는 것을 인정하기는커녕, 자본주의를 보호하고, 자본주의가 만들어 내는 긴장을 은폐하는 데 열을 올리는 것이다.

이 진저리 나는 논리를 더 전개하면 이렇다. 먹고살기 위해, 즉 생존을 위해 소득이 필요한 수령자들에게 대가를 요구하는 것은 또 어떤가? 공익 근로 활동을 요구하는 것이 그 예다. 어찌 됐든 지, 국가의 도움으로 겨우겨우 살아가는 이 '기생충들'은 우리에 게 도움이 되는 무엇인가를 해야 마땅하다. 당연히 대가를 지불 해야지, 국가의 도움으로 근근이 살아가는 기생충들. 누구 덕에 먹고사는데! 사회가 그들을 배척한다는 사실이, 우리의 부가 그 들을 가난하게 만든다는 것 따위가 뭐가 중요하단 말인가! 프랑 스는 갈수록 이런 앵글로색슨 국가식의 워크페어(workfare, 일하는 것을 조건으로 공적인 부조를 베푸는 사회보장제도-옮긴이)에 기울고 있다. 열등감을 벗어 던진 '사회주의' 우파들은 주저 없이 워크페어를 캠페인 주제로 삼고, '원조'를 프랑스의 암이라 규탄한다.

# 평생월급

사회소득은 공유화된 소득이다. 사회 구성원이 모두 사회적 부를 창출하는 데 기여했다 보고 일부의 경제적 부를 사회 구성원 모두에게 돌아가게 하려는 장치이다. 시민소득을 받는 것이 정치공동체에 속함을 의미하듯이, 사회소득을 받는 것 역시 사회에 속한다는 의미를 띤다. 우리가 각자 무슨 일을 하든 그것이 사회적 부를 창출하는 데 기여한다고 인정하는 것이다. 그렇기에 사회소득을 받는 대가로 공익 근로를 요구하는 것은 말이 안 된다. 왜냐하면 사회소득 지급 자체가 이미 사회 참여에 대한 보상이기 때문이다.

그러므로 이 사회소득은 사실상 사회적 급여라고 할 수 있다. 경제학자 베르나르 프리오(Bernard Friot, 기본소득이 자본주의의 '예비 타이어'라고 비판하며 평생월급제를 대안으로 제시했다.-옮긴이)가 말하듯 사회적 부를 창출하는 것에 대한 보수 즉, '평생월급'이라 할 수 있다.

베르나르 프리오는 일을 꼭 일자리로만 축소해서 말할 수 없다는 정당한 명제에서 출발한다. 고용되어 일한 대가로 받는 임금 정도로 급여를 축소해 말하는 것은 온당치 못하다는 지적이다. 퇴직자들도 일을 하고 자원봉사자, 대학생들도 일을 한다. 그러므로 그들도 월급을 받을 권리가 있다. 사회소득은 소득 재분배나 물건 교환 그 이상을 의미하고, 교환보다는 상호성의 개념에 더 가깝다. 사람들 활동이 사회에 기여한다는 점을 인정하고 그들이 창출한 사회적 가치에 대해 보상을 해 줄 뿐 아니라 사람들이 더 쉽게 사회에 기여할 수 있도록 장려도 한다. 이는 일종의 기브 앤드 테이크(give and take)라 할 수 있다. 사람들은 사회에 기여하고, 사회는 그들이 자유롭게 활동할 수 있도록 받은 것을 돌려주기 때문이다.

그러므로 개인은 소득에 대한 어떤 대가도 지불할 필요가 없고, 사회소득은 "무조건적"이어야 한다. 심지어는 이중으로 무조건적이어야 한다. 다시 말해, 소득을 받는 대가를 지불할 필요가 없고, 모든 소외와 낙인을 남길 우려가 있는 자격 조건도 없어야 한다.

## 조건은 낙인찍기다

기본소득의 이중의 무조건성. 이것은 원칙의 문제이자 효율의 문제다. 효율의 문제인 까닭은 여러 조건을 내걸 경우 빈곤으로부터 사람들을 보호하려 시행한 제도가 도리어 많은 이를 열외로 취급하게 되기 때문이다. 사회적 안전망은 너무도 느슨하고, 군데군데 구멍도 나 있다. 결국에는 사회적 소외를 없애기 위한 빈곤 퇴치 제도가 역설적으로 잠재적 수령자들을 소외시키는 결과를 초래한다.

어떤 빈곤자들은 아예 잊히어 보호 대상이 되지 못한다. 특정한 조건에 들어맞는 사람들만을 대상으로 하기 때문이다. '25세 이하의 성인'이라는 조건이 그 예다. 이 때문에 사회최저급부를 받아야 할 처지에 있는 많은 잠재적 수령자가 사실상 소외당한다.

소외당하는 원인은 세 가지다. 첫 번째 원인은 사회최저급부를 받으려는 수령자는 그 대가로 무엇인가를 행할 것을 약속해야 한다(사회 동화를 위한 교육 과정 참여, 적극적인 구직 활동 등). 그러나 소외 계층에게는 이러한 요구 자체가 큰 부담이 될 수 있어 결국 지원받기를 포기하게 된다. 사회최저급부를 제공하는 대가로 수령자에게 더욱 강화된 조건(예를 들면 강도 높은 구직 활동 요구-옮긴이)을 붙이는 것은 '비용'만 더욱 높일 뿐이다(공무원들이 일일이 심사하고 확인하는 행정 비용과 수령자가 느끼는 심리적 비용 등이 높아진다.-옮긴이).

두 번째, 사회최저급부가 지금처럼 수입 수준에 따라 정해진다면, 수령자는 낙인찍힌다. 대상자인데도 심사 창구 앞에서 겪는 모욕적인 순간을 피하기 위해 소득 신청을 포기할 수 있다.

　세 번째, 사회최저급부제도 그리고 좀 더 넓게 보면 사회보장시스템은 여러 복잡다단한 제도를 한데 모은 것이다. 그중 어떤 제도는 중복 수령이 가능하고, 어떤 것은 중복이 안 되며, 지급 조건이나 처리 기관도 저마다 다르다. 이렇게 복잡하게 얽힌 제도의 혜택을 받으려면 수령 대상자는, 시시각각 달라지며 가끔은 담당자도 잘 모르는 사회보장시스템을 꿰고 있어야만 한다. 이런 상황에서 잠재적 수령자들이 제 발로 찾아오리라 기대할 수 없을 것이다. 또한 어떤 이들은 제도 존재 자체를 잘 몰라 요구할 정당한 권리가 있는데도 신청조차 못할 수 있다.

## 부자에게도 줘야 할까

　그 어떤 소외도 있어서는 안 된다. 그러므로 필수 재화와 서비스를 쓰고 누릴 권리에 그 어떤 조건도 붙여서는 안 된다. 개인이 활동을 하든 안 하든, 그 활동이 돈을 받는 것이든 조금 받는 것이든, 그저 봉사를 하는 것이든 관계없이 모든 이가 조건 없이 소득을 받을 수 있어야 한다. 또한 기본소득은 다른 모든 소득과 병행해서 받을 수 있는 소득이다.

　활동을 하지 않더라도 적극적인 구직 활동, 공익 근로, 직업

재활 훈련 등 어떤 특정 절차를 수령자에게 요구해서는 안 된다. 이것은 수령자가 아무 활동을 하지 않고도 소득을 받는 것이 합당한가라는 기존의 전제를 흔드는, 원칙에 대한 문제다.

활동, 비활동 조건 이외에 소득 수준이라는 조건도 없어져야만 한다. 하지만 그런 조건들을 유지하는 것은 매우 솔깃하기에 좌파, 우파 모두 여기에 끌린다. 예컨대, 도미니크 드 빌팽이 주장하는 시민소득과 알랭 카이에가 제안한 시민소득의 지지자들은 모두 소득 수준에 따라 수령자가 결정되어야 한다고 주장한다.[6] 다시 말하면 그들은 '조건 있는 무조건성'을 지지하거나 '약한 무조건성'을 지지한다는 것이다. 그것은 순수하게 경제적 논리나 정치적인 고려에 따른 것이다.

이 접근법에 따르면 조건 없는 소득은 모든 시민에게 지급되어서는 안 되며, 정말로 소득이 필요한 가장 가난한 가정에만 지급되어야 한다. 왜 부자나 갑부들에게까지 소득을 지급해야 하나? 이것은 부당할 뿐만 아니라 비용도 아주 많이 들게 한다. 일정 수준 이상의 소득자들에게는 기본소득을 지급하지 않음으로써 엄청나게 절약할 수 있다는 것이다.

그러나 '이중의 무조건성'을 이런 식으로 철회해 버리는 것은 기본소득의 성격과 적용 범위에 실제로 큰 영향을 미친다. 우선, 그렇게 될 경우 최저통합수당(RMI. 소득이 일정 수준 이하인 사람에게 1년 동안 지급되는 최저소득. 수령자는 그 대가로 사회에 통합되려고 노력했다는 것을 증명해야 한다.-옮긴이) 제도가 실시되던 때처럼, '무기력의 늪'에 다시 빠질 가능성이 많다. 카이에의 시민소득이 근로소득에 추가로 더해지는 개념이 아니라 일정 수준까지 근로소득을 보완해 주는 의미가 되면, 이는 근로 의욕을 크게 떨어뜨릴 위험이 있다. 차라리 최저통합수당보다는 마르탱 이르슈(Martin Hirsch, 프랑스 정치인-옮긴이)가 도입한 능동적 연대소득(RSA, 수령자가 구직 활동을 하여 증명하거나 취업 계획서를 제출하고 그 계획을 이행할 것을 조건으로 받는 최저소득-옮긴이) 제도를 본뜨는 것을 고려해 봄 직하다. 그럴 경우 '무기력의 늪' 현상이 다소 완화될 수 있다.

카이에가 제안한 시민소득은 '사회안전망제도'와 동일한 논리이자 현재 가동되는 사회보장제도의 근간이다. 카이에의 시민소득이 수령자들이 가난의 늪에 빠지는 것을 막을 수는 있겠지만, 이는 완전히 무조건으로 지급한다는 기본소득 논리에서는 멀어지는 것이다.

소득 수준을 조건으로 시민소득을 지급하려면 수령자들을 심사하고 선별할 수밖에 없다. 기본소득에서는 반드시 없애고자 하는 절차다. 게다가 결과는 유감스럽다. 시민소득은 자동적으로 지급되는 것이 아니다. 수령 대상임을 증명해야 하고, 지급을 요청해야 한다. 심사 창구 앞에서 열패감도 견뎌 내야 한다. 이는 연대라는 이름으로 수령자들을 낙인찍는 현 시스템의 결점을 되풀이하는 것일 뿐이다. 결국 알랭 카이에가 제안한 시민소득은 조건부 지원이다. 예산을 줄일 수는 있을지 모르지만, 수령자들이 느끼는 심리적 비용은 높아질 것이다. 어떤 이들은 소득을 받기 위해 통제나 심사를 당하는 것에 대한 심리적 비용이 너무 높다고 생각한 나머지 자신이 누려야 할 정당한 소득을 포기할 것이기 때문이다.

벨기에 경제학자이자 '기본소득 지구네트워크'[Basic Income Earth Network, 기본소득을 지지하는 국제기구. 1988년 결성된 기본소득 유럽네트워크(Basic Income Europe Network)가 2004년 바르셀로나에서 열린 10차 총회에서 기본소득 지구네트워크로 바뀜-옮긴이] 회원인 브뤼노 판 데르 린덴(Bruno Van der linden) 루뱅가톨릭대 교수는 소득을 심사하고 통제하는 것이 사람들의 정신적 건강에 끼치는 영향 하나만 생각해 보더라도 소득을 기준으로 삼을 것이 아니라 조건 없이 지급해야 할 이유는 충분하다고 강조한다. 철학자이며 기본소득 지구네트워크 회원이자 판 데르 린덴의 동료 교수인 필리페 판 파레이스(Philippe Van Parijs)도 결국에는 "부자들에게 돈을 지급하는 것이 가난한 사람에게 더 이익이다."고 주장했다.

그러나 소득 수준이 유일한 수령 조건은 아니다. 깊이 생각하지 않더라도, 가족관계도 조건으로 추가될 수 있다. 능동적 연대소득의 수령자 선정과 지급은 가정이 어떻게 구성되었는지에 따라 좌우된다. 예를 들면, 2012년 1월 1일 수령 조건을 만족시킨 독신자는 능동적 연대소득 475유로를 받았다. 동일한 조건의 커플(2인)은 950유로가 아닌 712유로를 받았다. 능동적 연대소득은 개인 단위가 아닌 가족을 단위로 계산해서 지급되기 때문이다.

이러한 적용은 생각보다 훨씬 더 심각한 문제를 안고 있다. 커플 중 한쪽이 능동적 연대소득 수령 조건을 갖추고 있다면, 다른 한쪽은 수령 대상자가 되기 어렵다. 또한 동거인의 소득이 커플에게 지급될 수 있는 최고 금액인 712유로를 넘는다면, 자신은 그 어떤 보상적 성격의 보조금도 얻지 못한다. 이로 인해 커플 중 한 사람은 다른 한쪽에 경제적으로 의존할 수밖에 없다. 그러나 가족 단위가 아닌 개인 단위로 지급된다면, 구성원 각 개인의 경제적인 독립을 보장할 수 있다(최소한 성인들의 독립을 보장할 수 있다). 이것은 시민들을 자유롭게 하고, 특히 여성의 경제적 독립과 자립을 도울 것이다.

## 존재 그 자체를 위한 돈

'자립'은 기본소득과 자주 거론되는 말이다. 이는 성장을 반대하는 사람들이 옹호하는 개념이기도 하다. 다시 강조하지만 자립이지 독립이 아니다. 어떤 이들은 "주는 손은 받는 손 위에 있다."며 불만스러워 한다. 기본소득은 개인을 그가 속한 사회에 종속시킨다. 그러므로 독립을 위해서라면 소득의 권리를 보장해 주기보다는 일할 권리를 인정하거나 각자에게 필요한 만큼의 보조금을 주는 편이 더 낫다고 주장한다. 하지만 그 경우 독립은 바로 타인 없이 사는 것, 즉 고립을 의미한다. 그런 식으로 사람들 간의 상호 의존 고리를 끊을 이유가 있는가?

중요한 것은 일방적인 관계가 아니라 상호 의존 관계이다. 관계라는 것은 상호적이기 마련이다. 따라서 자립을 위해 지급되는 소득에는 주는 손도, 받는 손도 없어야 한다. 그 소득은 사람들이 사회에 기여한 점을 인정하고, 사람들이 사회와 의존 관계에 있음을 인정하는 것이다. 그러므로 독립보다는 자립이라는 말이 적절하다.

이처럼 기본소득은 자립을 보장한다. 각 개인에게 고립되어 살라고 하는 것이 아니라 각자 생각하는 좋은 삶을 실현하라는 것이며, 각자 원하는 방식대로 살아가게 하는 것이다. 즉 '존재' 그 자체를 위한 소득이다.

# 일하지 않고
# 살아도 될 만큼의 돈

기본소득을 놓고 논의할 때 좌파와 우파를 가르는 결정적인 것이 금액 차이다. 좌파에게 기본소득은 사회 변혁의 도구이자 노동가치에 관해 다시 생각하게 되는 계기가 된다. 그 말은 일하지 않고 살아도 될 만큼의 돈을 지급받아야 하며, 자유롭게 자신이 원하는 활동을 선택할 수 있을 만큼 충분해야 한다는 뜻이다. 이러한 개인 해방 의지에는 아무 관심이 없는 우파는 기본소득을 통해 경제 자유화를 꾀하려 한다.

## 최저임금의 문제

밀턴 프리드먼은 1962년 최저임금 철폐와 음의 소득세(고소득자에게서는 세금을 걷고 저소득자에게는 보조금을 주어 저소득층의 소득을 보장해

주는 사회보장제도-옮긴이)를 포함한 일련의 사회보장제도 도입을 제
안했다.[7] 물론 밀턴은 시장의 올바른 작동을 저해하거나 방해하
지 않도록 음의 소득세는 적게 책정되어야 한다고 주장했다. 음
의 소득세를 통해 임금이 불만족스러운 일부 일자리의 임금을
평균 수준까지 올려 비자발적 실업을 없애고자 했다.

  생태정치 운동가 앙드레 고르가 지적했듯이, 기본소득의 한
갈래인 음의 소득세는 기업에게는 위장한 보조금이며, 아주 값
싼 임금으로 실업자들을 고용할 수 있게 하는 수단일 뿐이다.[8]
실업자들은 너무 적은 액수의 음의 소득세를 받기 때문에 결국
아무 직업이나 선택할 수밖에 없다. 고용주로부터 쥐꼬리만 한
월급을 받고 부족분은 음의 소득세로 약간 보완하는 수밖에 없
다. 이처럼 국가 지원을 받는 고용시스템을 일반화하는 것은 결
국 사회 정의를 무너뜨리고 노동자들을 취약하게 만들 뿐만 아
니라 비노동 인구를 더 빈곤하게 한다.

  그러므로 프랑스 자유대안당이 주창하는, 여러 혜택과 함께
지급되는 기본소득 매달 500유로 지급안은 매우 반길 만한 것이
다. 기독민주당[9]의 크리스틴 부탱(Christine Boutin)의 주장 역시 크
게 다르지 않다. 기독민주당에서 주장하는 보편배당금(기본소득
과 동일한 개념-옮긴이)은 300유로를 약간 웃돈다. 이는 욜랑 브레숑
[Yoland Bresson, 경제학자이자 생존소득 창설을 위한 연합운동(AIRES) 창립자]
이 1990년대 주장했던 생존소득 금액과 비슷하다. 물론 이 얼마
안 되는 보조금만으로는 기본소득 고유의 미덕을 절대 알 수 없

을 테지만 말이다.


## 최소극대화의 속내

좌파는 기본소득 금액이 반드시 충분해야 한다고 주장한다. 그러나 '충분한' 소득이란 어느 정도일까? 우선 수령자들은 기본소득으로 필수 재화와 서비스를 쓰고 누릴 수 있어야 한다. 생활하는 데 기본적으로 필요한 만큼의 소득이어야 한다는 뜻이다. 즉 각 개인이 사회생활을 하면서 살아갈 수 있을 만큼은 보장을 해 주어야 한다.

자유주의자들이 주창하는 최저소득과는 분명 다르다. 이들이 말하는 '최소'는 '최대화된 최소'다. 그러므로 최저소득은 극빈자들이 그 상태를 모면할 수 있을 정도의 소득을 말한다. 이 최대화된 최소 금액으로 한 사회에서 살아갈 수 있고, 사회에 참여할 수 있으며, 개인이 바란다면 일을 하지 않고서도 살아갈 수 있다는 것이다.

그러나 자유주의자들의 진짜 목적은 실업자들을 보호하는 정책을 철폐함으로써 구직자들의 무릎을 꿇리고, 구직자들이 기대하는 고용 조건(근로 조건, 보상 기준 등)을 낮추는 것이다. 일자리를 못 구해 애가 탄 사람들에게 헐값으로 온갖 궂은일을 시키려 하거나, 최저생계비 제도를 이윤을 추구하는 데 한낱 장애물로밖에 보지 않는 기업주들을 위해서 말이다.

기본소득은 노동시장에서 고착된 이런 관계를 완전히 뒤집는다. 이미 소득이 충분하다면 우리는 처음 잡히는 아무 일에나 매달릴 필요가 없고, 착취당하는 임금노동자 생활을 체념하고 받아들일 필요도 없을 것이다. 이 지점에서 기본소득의 반자본주의적 측면이 엿보인다. 기본소득이 사회를 크게 변화시킬 수 있으리라 기대할 수 있는 이유다.

## 쉽지 않은 '충분'

그렇다면 충분한 소득이란 얼마인가? 생존하기 위해 그리고 사회생활을 하면서 살아가기 위해 필요한 돈은 얼마 정도인가? 사람마다 다를 것이 분명하다. 특히 어디에 사는지, 가족이 몇인지 등에 따라 다를 수 있다. 생활수준이 비슷할 경우 시골에 산다면 1인당 소비가 파리에 사는 독신자보다 훨씬 적을 것이다. 흔히 시골에서는 상부상조하는데, 이 역시 생활비를 아끼는 데 큰 몫을 한다.

개인의 취향, 생활 습관 또한 '충분한 소득'의 기준을 결정짓는 데 핵심적인 것이다. 예를 들어 카드게임을 즐기는 사람은 세계여행을 취미로 하는 사람이나 명품시계 수집가보다 더 적은 생활비로도 만족할 수 있을 것이다. 그러므로 기본소득의 충분한 수준이란 어디까지나 주관적이다. 다시 말해 어떤 이들에게 충분한 돈이 다른 이들에게는 충분치 않을 수 있다.

그러나 문제는 기본소득이 명품을 구매하거나 호사 생활을 누리는 수준이 되어야 하는가이다. 그러므로 기본소득으로 할 수 있는 것에서 명품 자동차를 구입하는 것은 제외하자. 누군가 그러한 지출을 하고 싶다면 그런 욕망에 맞는 소득을 받을 수 있는 직장을 찾는 것이 마땅할 것이다. 그렇다면 기본소득은 단지 그럭저럭 생활할 정도의 수준이어야만 하는가? 그렇다면 그 '그럭저럭'의 수준은 어느 정도인가? 충분한 소득이 과도한 소득이 될 수 있는가?

## 과도한 액수는 기만적이다

좌파에서 여러 액수가 제시되었다. 어떤 금액은 능동적 연대 소득의 수준에 맞춰졌고, 또 어떤 금액은 빈곤선에 맞춰졌다. 중간소득의 50-60퍼센트 수준이나 최저생활비(현행은 월 1100유로, 기대 수준은 1700유로)에 맞추기도 했다. 대략적인 금액으로 2000유로(베르나르 프리오가 주장한 생계비 초안인 월 1500유로에서 따온 액수)가 제시되기도 했다. 적정 수입을 더욱 정확하게 산정하기 위해 사람들은 가능한 한 가장 면밀하고 객관적으로 계산하려 한다. 실업자 및 취약 근로자 지원 협회(APEIS)는 2000년 초반 파리에서 꽤

찮은 수준으로 생활하려면 매달 정확히 1334유로가 필요하다고 산정했다. 프랑스 사람에게 물어보면 무리 없이 한 달을 생활하려면 1300유로가 필요하다고 말할 듯하다. 이 금액이 어떤 이들에게는 불충분하고, 어떤 이들에게는 반대로 과도하게 느껴질 수도 있다.

이 정도로는 생활할 수 없다고 말한다면? 그건 그렇지 않다. '충분한 소득'을 정의할 때 생태학적인 측면을 고려하자. 프랑스에서는 월 평균 생활비가 1840유로다. 생태발자국(인간이 매일 소비하는 자원과 배출하는 폐기물을 처리하는 데 드는 모든 비용을 토지 면적으로 환산한 수치. 지구가 기본적으로 감당할 수 있는 면적 기준은 1인당 1.8헥타르-옮긴이)은 1인당 5헥타르. 이미 3헥타르 이상 초과된 상황! 우리는 생활수준과 생태발자국의 관계가 긴밀함을 알고 있다.[10] 그러므로 1700-2000유로를 월 최저소득으로 책정해야 하고 그 이하면 생존이 불가능하다고 말해선 안 된다. 프랑스 사회를 다시 돌아봐야 할 시점이다.

지구는 하나뿐이고 이 지구에서 우리는 함께 살아가야 한다. 이 사실을 늘 염두에 두자. 후세를 위해서라도 우리의 탐욕을 인정하고, 소유 욕망에서 벗어나야만 한다. 그것은 자본주의 논리를 바탕으로 끝없는 축재, 다다익선, 언제나 더 많이!를 외치는 것과 작별하는 것을 뜻한다. "이 정도면 충분해" "이 정도면 충분해" 그러므로 "충분해" 이렇게 말할 수 있어야 한다.

월 최저소득을 1700유로 혹은 그 이상으로 책정하는 것은 필연적으로 고된 노동이 강요되는 과잉 생산을 부추기는 짓이다. 그에 따라 생산자의 노동 그리고 소비자의 노동 둘 다 강요될 것이다. 우리는 살아가는 지금 이 시간을 더욱 양질의 것으로 만들어야 하지 않나? 더욱이 기본소득이 도입되면, 노동에 대한 강요가 사라지고 우리는 자유 시간의 소중함과 더불어 어쩔 수 없이 일해야 하는 것의 슬픔을 더 잘 이해할 수 있을 것이다.

그러나 기본소득이 일할 의욕을 떨어뜨리는 데 직접적인 관계가 있다는 것은 미리 말해 둔다. 기본소득 금액이 올라갈수록 사람들은 더욱 쉽게 일을 그만두려고 할 것이다. 그러므로 기본소득을 높게 책정하려는 것은 기만적이다(기본소득 취지는 반성장, 반생산, 반소비다. 기본소득을 과도하게 지급하면 그만큼 소비할 것이고, 소비가 있으니 생산 또한 증가할 것이다. 결국 자본주의의 덫에 다시 걸리게 된다. 그래서 저자는 부족한 액수만큼이나 과도한 액수도 경계하고 있다.-옮긴이). 왜냐하면 월 1700유로어치의 재화를 소비한다는 것은 월 1700유로 상당의 재화를 생산해야 한다는 말이기 때문이다. 그런데도 우리가 여전히 소비하려고 한다는 것은 의심할 여지가 없고, 그러한 소비에 익숙해질 즈음 우리는 여전히 생산 활동에 참여하고 싶어 할까?

좀 더 말해 보자. 과잉 생산되는 사회에서 덜 생산하는 것은 큰 문제가 안 된다. 오히려 반길 만하다. 하지만 반대로 고삐 풀린 듯 과잉 소비되는 상황은 큰 문제다. 목적이 정당하기만 하다면 그 목적을 달성하기 위해 속임수에 의존하기까지 하는 그 수단의 문제에 대해 민주주의 측면에서, 정치·윤리적 시각에서 의문을 제기해 볼 만하다. 게다가 기본소득 금액을 높이기를 주장하는 사람이 궁극적으로 추구하는 바가 과잉 생산일 가능성은 거의 없을 것 같다. 그러나 그 같은 주장은 속이려 하지 않았더라도, 어쨌거나 목적 달성을 위해 실제론 속임수를 쓰는 것과 마찬가지이다.

환경, 사회, 정치적 측면을 고려할 때 기본소득은 많지도 적지도 않게 딱 적당한 수준이어야 한다. 그러나 결국 적당하다는 것, 그것이 대체 얼마냐는 물음이 남는다. 적당하다는 금액은 사회가 책정한 금액을 받아들이는 것이고, 우리가 모두 원하는 금액을 의미한다. 결국 기본소득의 금액을 결정하려면 먼저 민주적인 과정을 고려해야 한다. 그 무엇보다 빈곤선 이하는 최소한이 되도록 해야 한다.

# 기본소득 도입을 위한 전략

기본소득 도입 전략의 초점은 이 제도의 실질적인 장점에 맞춰져야 할 것이다. '단순화'를 예로 들 수 있다. 기본소득은 세제나 사회보장제도를 매우 단순하게 할 것이다. 그뿐만 아니라 사회보장제도를 더 적용하기 쉽고 비용이 덜 드는 쪽으로 변화시킬 것이다. 이렇게 보면, 기본소득은 장점이 훨씬 많은 제도다. 기본소득을 통해 쉽게 갈 수 있는 길을 두고 왜 돌아서 가려고 애쓰는가.

### '파이' 분배의 효율성을 강조하자

좌파와 우파를 모두 매혹하기 위해 제시할 것은 아쉽게도 기본소득의 가치가 아니다. 오직 효율성이다. 과거 최저통합수당은 실업자들을 무기력의 늪에 빠뜨려 생산 활동 참여를 저해했고, 그 대안으로 2009년도부터 시행된 능동적 연대소득 역시 제 역할을 효율적으로 다하고 있지 못한 듯하다. 능동적 연대소득의 잠재적 수령자 중 상당수가 보조금 신청을 하지 않았거나 본인이 수령 대상자라는 사실조차 모르고 있다. 그러므로 조건 없는 다른 서비스를 새로이 만들어 시급히 능동적 연대소득을 대체할 필요가 있다. 대부분 사람이 공감하는 것처럼 아직은 이 제도를 대체할 만한 것이 없는 실정이다.

부당함이란 무엇인가? 사회 변혁에 대해 어떻게 생각하는가? 사실상 좌파와 우파를 모두 설득하려면, 성향이나 노선(자유경제주의, 반자본주의 등)을 떠나 기본소득이 가져올 사회 변혁의 규모에 집착하지 말아야 한다. 기본소득이 사회 구성원들의 기본적인 생활 안정, 부의 재분배 등의 목표를 더 간단하고 더 효율적으로 이룰 수 있다는 것, 그것이 바로 핵심이어야 한다.

다시 강조하지만, 기본소득의 궁극적인 목적은 부의 재분배를 다시 문제 삼지 않게 되는 것이다. 물론 패자들(사회적 지원을 받을 수밖에 없는 사람들. 예를 들면 고용시장에서 멀어져 있는 실업자─옮긴이)이 더는 잃게 되어서는 안 된다. 그렇다고 그들이 너무 많이 가지게 되어서도 안 된다. 최악의 상황은 부의 재분배에 아무 변화도 생기지 않는 것(생긴다면 아주 조금)이다! 그렇게 된다면 현재의 불평등하고 부당한 현실을 받아들이는 것이고 좌시하는 셈이 되기 때문이다.

첫술에 원하는 결과를 얻고 싶을지도 모른다. 그러나 우선, 좌파적인 기본소득을 수월하게 도입하기 위해 우파의 지지를 받을 수 있도록 기본소득 금액을 최소화해 제안하자. 적정 금액을 논의하기 전에, 무조건성의 원칙을 받아들이게 하자. '조건 없는' 기본소득이 도입되면 행정제도가 단순해진다고 말하자. 정의의 문제는 잠시 접어 두고, 전략을 먼저 고민하자.

## 중도·우파에도 마음을 열자

이 책에서 말하는 기본소득은 분명 좌파적이다. 만일 기본소득 액수가 충분해야 한다고 생각한다면, 이는 소득 분배를 다시 도마에 올리기 위해, 현 지배 구조에 이의를 제기하기 위해, 개인을 해방시키기 위해, 사회를 뿌리부터 변화시키기 위해, 정치적 목적을 변화시키기 위해서다. 바로 이것이 이 책에서 지지하는 기본소득이다. 우파냐 좌파냐 둘 중 하나를 선택할 것이 아니라 다수의 중도파를 설득하고, 자유주의 노선에 대해서도 문을 열자. 그리고 소득 10분위(10분위 소득분포에서 가장 소득 수준이 높은 부류-옮긴이)들이 그들의 높은 소득과 편안한 재산에 대해 다시 생각하게 하자.

만일 기본소득이 대부분 시민을 결집하게 할 수 있다고 믿는다면, 우리가 겨냥해야 할 타깃은 좌파들이다. 좌파적인 기본소득이 적절하다고 설득해야 할 대상이 있다면 그것은 바로 좌파 지지자들이다. 이 책 역시 그들을 위해 쓰였다. 만일 우파 지지자가 이 책에 공감한다면 잘된 일이지 않은가. 그러나 우리가 궁극적으로 염원하는 바는 우리 사회를 뿌리부터 변혁하는 것임을 결코 잊지 말자.

2장

# 기본소득,
# 존재 그 자체를 위한 돈

# '더 많이'와 작별

앞서 말했듯이 기본소득이란 말할 나위 없이 좌파적인 개념이다. 하지만 충분히 좌파적인가? 결국엔 인간적인 탈을 쓴 자본주의가 지속되는 데 조금 더 기여하게 되는 것은 아닐까?

우선, 기본소득이 어째서 반자본주의적 제도[11]인지 살펴보자. 지금처럼 성장을 지향하는 사회는 주로 다음 세 가지를 동력으로 삼는다. 노동에 대한 강요, 과도하게 일해야 할 의무, 더 일하라는 부추김. 노동에 대한 강요는 배고픔이라는 날카로운 기억에서 태동하고, 과도하게 일해야 할 의무는 현대사회가 일을 너무 과대평가해 꼭 일자리를 가져야 한다는 생각을 시민들 어깨에 지운 데서 비롯되었다. 또한 더 많이 일하라 부추기는 것은 언제나 더 많은 소비를 원하는 우리 사회의 산물이라 할 수 있다.

이 세 동력은 악순환을 하며 누적된다. 사람들은 과도하게 일한 다음, 소비의 세계로 빠져듦으로써 도피한다. 마치 일을 신성

시하는 이 사회로 인해 자신의 자유 시간이 희생당한 것에 대한 보상이라도 받으려는 듯이.[12] 구매 '의무'를 너무나 온순히 영광으로 받아들이며 계속 과잉 생산에 불을 붙인다. 마음 한구석에는 모종의 좌절감을 간직한 채로…. 이렇게 우리는 소비사회라는 황금 감옥에 갇혀 버렸다. 그래서 정치적으로 경제성장의 당위성에 이의를 제기하는 사람들은 더 많이 소비하기 위해 더 많이 일하라는 강요, 일할 의무 그리고 더 많이 일하라는 부추김을 없애는 데 활동 목적을 두고 있다.

그것은 한편, 기본소득의 목표이기도 하다. 기본소득은 앞서 살펴본 세 가지 원동력에 기반을 둔 소비사회를 송두리째 뒤엎어 버릴 수 있는 성격을 갖고 있다.

## 과잉 생산·소비에 마침표를 찍자

기본소득은 세 가지 조건을 충족시켜야 한다. 첫째, 기본소득 금액이 충분해야 한다. 모든 이가 꼭 필요한 재화와 서비스에 아무런 문제없이 접근할 수 있을 만큼 충분해야 하고, 궁극적으로는 각 개인이 일을 않고도 계속 살 수 있을 만큼 충분해야 한다. 이 조건 덕분에 노동에 대한 강요에서 벗어날 수 있다. 둘째, 기본소득은 이중으로(완전히) 조건 없이 지급되어야 한다. 어떠한 조건도, 대가도 요구되어서는 안 된다. 이 두 번째 조건 덕에 개인은 실업자라는 낙인을 피하기 위해, 사회적 압력을 이기지 못해 일할 수밖에 없던 그 의무감에서 해방될 수 있다. 세 번째, 기본소득은 모든 사람이 사회적 부를 창출하는 데 기여한다는 근거를 댈 수 있어야 한다.

당장은 낙관적으로 보이는 이 세 조건을 이후에 하나하나 짚어 볼 것이다. 이를 통해 일과 소비의 악순환에서 벗어나 우리의 소중한 자유 시간을 재평가할 수 있다.

이 세 조건을 놓고 보았을 때, 기본소득은 좌파적일 뿐만 아니라 개인을 일과 소비에서 자유롭게 놓아주는 반(反)자본주의적 제도이기도 하다. 기본소득은 과잉 생산과 과잉 소비에 마침표를 찍고, 끊임없이 수익을 내려는 욕망과도 결별하게 한다. 그러나 이런 의지가 있다고 해서 반드시 효과적인 결별이 되리라 보장할 수는 없다. 그리고 어떤 이들은 기본소득이 과연 만족스러운 대안이 될 수 있을까 의문을 제기한다. 그러면서 현금 지급 형식으로 갈 것인지, 급여 형식을 취할 것인지에 관한 논란에서 일부 사람들이 우려하듯이 무조건적인 소득 지급이 결국 전체 구성원 중 더 많은 이를 소외시키는 결과를 낳지는 않을까 우려한다.

# 현물? 현금?

　화폐를 통해 자본주의에서 벗어나는 것을 우리는 진정 상상할 수 있을까? 병적인 이윤 추구를 위해 불필요하게 생산하는 것을 비판할 수는 있다. 그러나 자본주의에서 발현한 이러한 행위의 기원이 바로 화폐에 있으므로, 또한 당연히 화폐의 본질에 대해 묻지 않을 수 없다.

　만일 자유주의[13], 통화주의[14]를 처음 주창한 이들이 진정 화폐의 중립성을 믿었더라도, 적어도 사회학자 게오르그 짐멜(Georg Simmel, 화폐경제를 비판한《돈의 철학》저자-옮긴이)[15] 이후로는 화폐의 중립성이란 허구에 지나지 않는다는 사실이 알려졌다. 돈이 개인들 행동에 어떻게 영향을 미치는지에 대해 알고 있을 뿐 아니라 인간관계에 어떤 악영향을 끼치는지도 우리는 안다. 이처럼 화폐는 자본주의를 작동시키는 핵심 톱니바퀴다. 상품자본주의는 전적으로 화폐라는 토대 위에 있다.

이러한 현실에서 기본소득을 지급한다는 것은 갈수록 힘이 커지는 시장경제의 영역으로 개인들을 인도하고, 점점 더 사회를 곪게 하는 자본주의에 한 걸음 양보해 버린 것과 같지 않은가. 이러한 질문은 유용하다. 이는 또한 기본소득의 보편화가 적절한가와, 여전히 시장주의가 팽배한 사회에 기본소득을 적용하면 과연 어떤 이점이 있을지에 대한 질문으로 이어져야 마땅하다.

그러나 여기서 우리가 인정해야 할 명백한 사실이 또 하나 있다. 만일 우리 사회가 정말 부유하다 해도 기본소득은 꼭 필요하다는 점이다. 부유한 사회에서는 무상이 사라지고 연대나 상부상조 등이 갈수록 희박해져 소외나 낙오가 만연하기 때문이다. 만일 기본소득이 꼭 필요하다면 그것은 상품화가 점점 심해져 희생자가 생기고, 그러한 상황을 해결할 대안을 찾지 못한 채 있기 때문이다.


## 현물 지급의 문제점들


기본소득 지지자들은 모든 필수 재화와 서비스를 모든 이가 사용하고 누릴 수 있도록 보장하는 것을 목표로 삼는다. 그렇기 때문에 '자립을 위한 조건 없는 교부금(DIA, 일의 노예가 되지 않고 적절한 삶의 수준을 유지하며 살 수 있도록 모든 이에게 태어나 죽을 때까지 동등하게 지급하는 교부금-옮긴이)'을 지지한다. 그러나 이 보조금 지지자들은 에너지, 정보, 교육, 건강, 문화, 교통 등과 같은 공공서비스는 특별 사용권이나 반성장주의 운동가인 미셸 르프장(Michel Lepesant)이 주장한 '공공재 사용권'을 받아 사용해야 한다고 주장한다.[16] 결국 자립을 위한 조건 없는 교부금은 현물 서비스 개념이지, 기본소득 지지자들이 주장하는 현금 지급은 아니다. 그러므로 자립을 위한 조건 없는 교부금의 본질은 화폐가 경제와 인간관계에 주는 악영향에서 벗어나는 데 있다.

그렇다면, 현물로도 개인이 필수 재화와 서비스를 자유롭게 무상으로 사용하고 누릴 수 있게 보장해 줄 수 있는데 왜 굳이 현금, 다시 말해 돈을 고집하는 걸까?


## 낭비와 사생활 침해라는 문제

기본소득은 무상을 전제로 한다. 그런데 무상 제도는 많은 의문점을 품게 한다. 무상이 낭비로 이어지지는 않을까? 낭비를 막기 위해 사회에서 과도하게 통제하지는 않을까? 무엇보다 개인이 누려야 할 재화와 서비스 패키지를 어떻게 구성할 수 있을까 등이다. 패키지의 가치(기본소득 최종 수령 금액)를 계산하는 것 자체가 쉽지 않고, 패키지를 어떤 재화와 서비스로 구성할 것인지 결정하는 일은 더더욱 어렵다.

현물 지급의 경우 수령자들이 기본소득을 현금으로 받을 때처럼 원하는 대로 소비하는 것이 사실상 불가능해 불편할 것이다. 이런 문제에도 만약 개인의 자립을 보장할 만큼 현물이 충분하기를 원한다면, 그리고 기본소득 취지에 맞게 사람들이 일하지 않고도 살 수 있도록 하려면, 각 개인이 경제적으로 필요한 것들을 정확하게 진단해 낼 수 있어야 한다. 또한 각 개인의 경제적 요구에 부응하기 위해 어떠한 재화와 서비스를 제공할지 서로 합의하고 설득하는 과정이 있어야 한다.

이처럼 현물 지급은 기본소득보다 더 복잡하다. 기본소득이 지급될 경우 사람들은 저마다 자신에게 필요한 것들을 기본소득 내에서 자유롭게 살 수 있다.

그렇다면 현물 지급 제도는 바람직하지 않은 것인가? 그렇지는 않다. 필요한 재화와 서비스를 정하기 위한 복잡한 절차를 거치면서 집단적으로 필요한 부분과 경제의 역할, 한계에 대해 논의할 기회를 얻고, 공공서비스로 지원해야 할 필수 재화와 서비스 부분에 대해서도 모두 함께 논의할 기회를 얻게 되기 때문이다. 또한 낭비를 막기 위해 어느 정도의 재화와 서비스를 제공해야 할지도 얘기하게 된다.

무상=낭비는 아니다. 다만 모든 예기치 못한 상황을 막기 위해 무상은 개인의 윤리와 공동체 의식 그리고 타인을 배려하는 마음에 바탕을 두어야 한다. 오늘날은 개인주의 사회여서 사람들 마음이 이러한 마인드에서 한참 멀어져 있다. 어리석은 지식인들을 기만하려는 경제학자들이 만들어 낸 허상 '호모 에코노

미쿠스(합리성, 영리성, 계획성을 행동 원리로 하여 순전히 경제 원칙만을 따라서 행동하는 사람-옮긴이)'가 현실이 되었다.

자기중심적이고 계산적인 이 '합리적' 개인은 신자유주의의 창작품이며, 오늘날 시장경제 사회의 상징이 되었다. 이러한 현실에서 필수 재화와 서비스를 전적으로 무상으로 지급하라고 부르짖는 것은 미국 생태학자 가렛 하딘(Garett Hardin)이 우려한 '공공재의 비극'이라는 망령을 재현할 우려가 있다고 비난할 수도 있겠다. 공공재의 비극이란 모두에게 무상으로 자원이 제공될 경우, 다른 사람이 다 쓸까 봐 두려워한 나머지 각자 과도하게 사용해 자원 고갈과 환경오염을 초래하는 현상을 말한다.

우리는 모두 경제학자처럼 사고한다. 그렇기 때문에 모든 무상 정책을 검토할 때는 이 낭비의 위험을 반드시 고려해야 한다. 이러한 시각에서 무상 정책을 채택한다는 것은, 사실상 도입하기에 알맞은 무상의 범위를 정하는 것이라 할 수 있다. 완전 무상, 부분 무상, 거의 무상 등 범위를 정할 때에는, 개인적인 목적과 전체의 우려 사항을 조율하고, 환경 문제도 고려하는 등 다방면으로 검토해야 한다. 일부만 수령자가 되는 흔한 선별적 무상 정책은 여기서 배제함으로써 사회 내 특정 범주의 사람들이 표적이 되는 낙인 효과를 막을 수 있다. 선별적 무상 말고도 무상에는 여러 형태가 있어 선택의 폭이 넓다.

무상의 첫 번째 형태는 물론, 재화와 서비스에 자유롭게 접근할 수 있게 하는 무상이다. 이러한 전면적 무상은 남용이나 낭비의 위험이 전혀 없는 필수 재화나 서비스에 쉽게 적용시킬 수 있다. 직업 교육, 전문 교육, 고등교육을 무상으로 한다고 해서 남용을 우려할 필요가 있을까. 무료 박물관, 도서관을 과도하게 이용하는 것을 걱정할 까닭이 있을까. 우려가 무색한 이 같은 무상은 개인에게 도리어 자극제가 될 수 있다. 지식에 목말라 하는 이에게 걸림돌이 될 수 있는 경제적 장벽을 없애 줌으로써 지적 호기심을 채울 수 있게 해 주기 때문이다.

반대로 일부 재화나 서비스의 경우, 낭비의 위험이 확실히 있으며 이에 대해 심각히 고려해 보아야 한다. 그 경우 무상은 조절이 필요하다. 예를 들면, 대중교통은 거의 무상으로 운영하는 것이 바람직하다. 기대할 수 있는 효과는 두 가지다. 개별 소유의 교통수단 운행으로 발생하는 환경오염을 줄이고, 더 나아가 전환교통(기존의 운송수단을 친환경 교통수단으로 전환하는 것. 예를 들면 화물 수송 시, 환경오염을 야기하는 트럭 대신 철도나 선박 같은 친환경적인 수단으로 전환하는 것을 이른다.-옮긴이)을 장려하는 것이다. 즉 환경오염이 덜한 대중교통 이용을 장려하여 자가용 이용을 포기하게 하는 것이다.

한편 국가나 지방자치단체에서 운영하는 대중교통 이용료를 완전 무상으로 하는 것은 사실상 대중교통 이용 횟수를 과도하게 늘려 환경 비용을 감당할 수 없는 지경으로까지 증가시키거나, 불합리하고 비생산적인 상황(출퇴근 장거리 이동 증가, 도시의 확장, 일일 교통 시간 연장, 시간 낭비)을 발생시킬 수 있다. 따라서 아주 적더라도 요금제를 유지하는 것이 공공재 남용의 위험을 막는 데 도움이 된다.

어떤 경우에는 무상이 충분한 억제 효과를 일으키지 않을 수도 있다. 오늘날 이미 낭비되고 있는 물이나 에너지를 무료로 쓰게 한다면 낭비를 더욱 부추기는 결과밖에 낳지 못할 것이다. 낭비에 보조금까지 지급하는 꼴이 되어 환경적인 재앙을 초래할 것이 분명하다. 낭비를 줄이고 싶다면, 가격을 올려야 한다! 그런데 그 가격이 터무니없이 비싸다면 모든 이가 그 재화를 자유롭게 사용할 순 없을 것이다. 따라서 완전 무상보다는 부분 무상을 추진해야 한다. 무상 범위를 정하는 것이다(예를 들면 전력량의 경우 0-100킬로와트까지는 무상이란 식으로 범위를 정할 수 있다.-옮긴이). 이와 더불어 충분한 양이라고 판단되는 소비를 넘어설 경우 높은 누진요금을 적용해야 한다. 무상으로 재화를 이용하게 했을 때 남용이 증가한다는 것은 반성장주의 이론가인 폴 아리에스(Paul Ariés)가 고찰한 사실이다. 이러한 현물 지급의 부작용을 볼 때, 개인에게 일정량의 재화를 사용할 수 있게 상품권을 지급하자는 방안은 득보다 실이 많다.

무상으로 이용할 수 있게 된 이후 남용 사례가 증가한다면 이것을 낭비라고 정의할 수 있을 것이다. 예컨대 양치질을 하는 3분 동안 수도꼭지를 틀어 놓는 무신경한 직원들에게 회사는 어떻게 불이익을 줘야 할지 난감할 것이다. 물처럼 소중한 자원을 개인 풀장을 채우는 데 사용하는 것도 낭비라 할 수 있다. 그럼 올바른 이용과 오·남용은 어떻게 구분해야 할까? 또한 필수재의 적정량은 어떻게 정해야 할까? 갈증을 해소하고, 매일 씻고, 각 가정에서 기본 위생을 유지하는 데 물 몇 리터가 쓰이는지 면밀히 조사해야 한다. 그러고 나서 모두 합의해 필수 용도를 정하고, 최소이지만 충분한 물 소비량을 계산할 수 있을 것이다. 물론 개인용 풀장을 채우는 데 필요한 물 6만 리터는 그 필수재 목록에 절대 들어갈 수 없겠지만.

하지만 낭비를 어떻게 정의할지가 유일한 고민거리는 아니다. 전력, 물, 대중교통 이용 횟수를 각 개인에게 얼마나 할당해야 할지 결정하는 일은 크게 어렵지 않다. 다만, 무상이 어떻게 낭비를 근절할 수단으로 작용하게 할 것인지 그리고 사회적으로 낭비를 어떻게 통제할 것인지, 이 두 가지에 주목할 필요가 있다.

부분 무상이 낭비를 근절하는 데 기여할 수도 있다. 그것은 개인들의 요구 사항을 충족시키기 위해 무상으로 지원해 줄 범위를 얼마나 정확하게 계산해 낼 수 있는가에 달려 있다. 너무 적게 잡으면 필수 재화와 서비스 이용을 사실상 어렵게 만들고, 너무 여유 있게 계산하면 소비를 더 줄이도록 독려하는 자극제가 되지 못할 수 있다. 사실, 무엇인가가 충분히 공급된다면 그것을 덜 사용해야 할 이유가 어디 있겠는가. 더욱이 각 가정의 구성원도 알지 못한 채 어떻게 무상의 범위를 적용할 수 있겠는가. 그러므로 제도의 복잡성이라는 문제는 둘째치고, 무상 지급 제도가 개인들의 사생활을 속속들이 침해할 가능성이 있다는 게 더 큰 문제다. 기본소득 지지자들은 바로 이러한 사회적 통제를 우려한다.

## 현금 지급이 나은 이유

과도한 사회적 통제를 피하면서 재화와 서비스에 대한 사용권을 모두 누릴 수 있도록 하는 데 효과적인 다른 방법을 생각해 보자. 예를 들면, 무상으로 할당될 물이나 에너지의 양을 정하는 것이 아니라 각 개인에게(가족이 몇 명이든 상관없이) 일정량의 물과 에너지의 비용에 상응하는 상품권을 지급하는 것이다. 그와 동시에 모든 소중한 공공재의 과도한 사용을 막고, 무상 이용에 따라 남용이 정비례하는 것을 막기 위해 공공재의 가격을 크게 올리는 것이 바람직할 것이다.

그러나 상품권 지급보다는 현금 지급이 어떨까? 현금 지급은 개인들이 꼭 필요한 양만 소비하게 하므로, 소비를 줄이는 효과가 있다(상품권으로 지급될 경우, 사람들은 상품권 금액만큼 모두 써 버리려는 경향을 보인다. 그러나 현금으로 지급하면 필요한 만큼만 소비하고 나머지는 자신이 원하는 곳에 쓰려 아끼게 된다. 자연적으로 물과 에너지 같은 필수재에 대한 과소비를 막는 효과가 있다.-옮긴이). 우선 그 시작으로 개인당 쓰는 물과 에너지의 평균 양에 상응하는 비용을 기본소득으로 지급하자. 현물보다 현금을 받았을 때 사람들은 더 이익을 얻은 것처럼 느끼는데, 그 이유는 물과 에너지뿐 아니라 재화와 서비스를 자신의 필요에 따라 자유로이 정하고 조정할 수도 있기 때문이다. 검소한 이들은 물과 에너지 소비를 줄여 다른 재화나 서비스를 구매할 수 있다. 이는 물과 에너지 가격이 오를 경우 더욱 그러하다.

이는 다시 말하면, 물과 에너지 절약 시 혜택을 더 주는 제도라 할 수 있다. 그뿐만 아니라 절약엔 혜택을, 낭비엔 세금이 붙는 덕에 결국 재화의 평균 소비가 줄어든다. 적정 지급액은 전체 사용량을 통해 계산되는 충분최소량과 개인별 사용량의 격차를 집계해 산출할 수 있다. 현재 이란에서 이런 제도가 시행 중이다. 이란 정부는 정책적으로 유가를 올리는데, 오른 만큼 개인이 지출한 돈을 기본소득으로 벌충해 줌으로써 석유 낭비를 막는다.

이러한 보편적 상품권(개인이 필요로 하는 현물 값에 상응하는 상품권-옮긴이) 지급 방식은 핵심 재화와 서비스의 이용을 보장하는 동시에 새로운 형태의 무상 정책(현물을 직접 주지 않아도 되고, 상품권 액수의 범위에서 개인의 자율성을 보장하고 에너지도 절약할 수 있도록 유인한다.-옮긴이)을 보여 준 셈이다. 결국, 기본소득은 각 개인들이 자유롭게 구성한 재화와 서비스의 패키지를 자유롭게 이용할 수 있을 만큼의 공짜 돈을 말한다. 기본소득은 구매 품목을 한정하는 상품권보다 개인의 취향이나 기호의 다양성을 더 잘 반영한다 할 수 있겠다.

결국, 질문은 다음과 같이 정리된다. 공짜 현물의 상징적 힘과 공짜 돈에 대한 마땅한 비판 때문에 (현금 지급 형태의) 기본소득을 포기하는 것이 정당한가? 또한 무상 소득을 지급한다는 이유로 사생활을 침해하는 것이 정당한가? 이 점에 대해서는 마땅히 이의를 제기할 수 있다.

모든 종류의 현금 지급에 대한 비판으로 이어져서는 안 되겠지만, 화폐에 대한 비판은 귀 기울여 들어야 한다. 이는 자본주의에 대한 근본적인 비판이기도 하기 때문이다. 물론 이런 비판은 기본소득의 영역을 한참 벗어난 정치적 담론이다. 그렇더라도 기본소득에 관해 논의할 때 한 부분으로 생각해 봐야 할 주제다.

기본소득은 일정 기간에 반드시 소비해야 하는 보조금 형태로 지급되기 때문에, 재화와 용역 교환을 매개하는 화폐 고유의 기능을 아주 잘 유지하게 해 준다. 여기서 화폐는 축재나 그 어떤 투기도 불가능한 형태의 (순수한) 화폐를 뜻한다.


## 기본소득도 주고받는 것이다

완전 무상, 거의 무상, 특정 품목 상품권 혹은 품목 비지정 상품권 등 모든 종류의 무상은 서로 대립하는 것이 아니라 서로 보완하는 개념이다. 이러한 여러 종류의 무상 제도가 합쳐져 더 큰 범위의 보편적 사회 보장을 가능케 하고, 각 개인에게 꼭 필요한 재화와 서비스를 보장해 존엄하게 살 수 있게 해 준다.

우리 스스로 잘 알고 있듯이, 우리가 상품화의 늪에 빠진 사회와 즉각 절연하는 것은 거의 불가능하다. 그뿐만 아니라 기본소득이 반드시 현금 형식으로 지급되어야 할 경우도 있다. 기본소득이 현금이 내포한 나쁜 독소를 제거해 주기를 바라면서 어쩔 수 없이 현금을 선택할 수밖에 없다. 사회에 만연한 상품화 현상을 근절 못할 것 같아 기본소득의 지급 방식으로 현금을 선택한다는 뜻은 물론 아니다.

충분한 액수의 소득을 각 개인에게 지급하는 것은 개인을 합리적 경제생활에 대한 고민[자원(돈)이 한정되어 있을 경우 무엇을 사는 것이 합리적인 소비일까, 얼마를 저축해야 효율적일까 등을 고민하는 것-옮긴이]과 시간의 압박에서 자유롭게 해 준다. 호모 에코노미쿠스에게 시간은 사실상 돈이며, 한가한 시간을 갖는다는 것은 돈을 잃는 것을 뜻한다. 그러므로 일과 소비를 제외하고는 다른 데 쓸 시간이란 없어야 하는 것이다. 상품 가치가 없는 인간관계에 시간을 쓰거나 타인에 대한 걱정으로 시간을 써서도 안 된다. 이렇듯 지나치게 경제적인 논리로 세상이 돌아간다. 성장을 너무 중시하다 보니 사회적 관계가 약화되는 것이다.[17] 그러나 기본소득은 "다다익선(多多益善)"이라는 자본주의 논리에 맞서 막스 베버가 펼친 "전통적 합리성"이라는 논리에 근거하기도 한다.[18]

"전통적 합리성"이라는 개념은 정말 중요한 무언가에 쓸 만큼의 '충분'한 정도에 만족하는 것이다. 한가한 시간, 자신을 위해 쓰는 시간, 누군가를 만나는 데 쓰는 시간, 서로 돕고 사회적 관계를 풍요롭게 하는 데 쓰는 시간도 소중함을 인정하는 데 있다. 이를 통해 우리는 사회적 관계가 상품화되는 것에서 벗어나길 꿈꾸고, 집 안에서 필요한 서비스가 자동 생산되고, 무상 상부상조 서비스(예를 들면 모내기철 농촌에서 하는 품앗이-옮긴이)로 대체되는 것도 볼 수 있는데, 이는 연대감의 동력이 된다.

이것은 한편으로 기본소득 역시 주고받는 논리에서 자유로울 수 없음을 말해 준다. 그러나 이 지점에서 조지 오웰이 말한 '보통 사람들의 품위(common decency)'를 떠올릴 필요가 있다. 그가 말한 '품위'란 무엇인가를 줄 수 있는 능력이다. 다시 말하면 관대함을 보여 주고, 의무에서가 아닌 진심 어린 선물을 주는 것이며, 상대방은 답례로 감사한 마음을 표하는 것이다.[19] 사회가 개인들에게 괜찮은 수준의 삶을 영위할 수 있도록 기본소득을 제공하면 그 개인들은 활발하게 자원봉사 활동을 함으로써 사회를 더욱 풍요롭게 할 것이다.

# 구체적 실현을 위해

평생월급 지지자들은 기본소득을 비판한다.[20] 사실, 그들과 한 번 열띠게 토론해 보는 것도 재미있을 듯하다. 평생월급 지지자들은 기본소득 지지자들과 마찬가지로 자본주의를 종식시키고자 한다. 노동 착취와 병적인 이윤 추구를 타파하는 데 목적을 둔다. 이런 이유로 자신들이 현재 지지하는 제도와는 별개로 기본소득 지지자들과 평생월급 지지자들은 기본소득이나 평생월급 중 어떤 것이라도 실현된다면 기뻐할 것이다. 양 진영이 논쟁한다면 그것은 어디까지나 우호적인 논쟁임을 기억할 필요가 있겠다. 그들은 한 배를 탔고, 맞서 싸워야 할 공동의 적이 있다.

## '충분'에 대해 토론하자

그런데 그들이 서로 동의하지 못하는 것은 무엇일까. 바로 금액이다. 좌파 진영의 기본소득 지지자들이 제안하는 금액은 불충분한 듯하다. 사실상 너무나 겸손한(?), 가난이 예견된 액수다. 월 800유로, 1000유로…. 예를 들면 베르나르 프리오가 최소 월 1500유로를 주장했던 것이 그 예다. 이는 가장 비숙련 집단인, 소득이 최하(10분위 가운데 1분위)인 노동자들의 소득 수준이다. 이 정도의 돈으로는 생존하기 어렵다. 더 받을 수 있는데 굳이 이렇게 적게 요구하는 이유는 도대체 무엇인가?

물론 한 달에 1500유로 이하로는 생활이 불가능하다는 생각도 문제일 수 있다. 만약 그 돈으로 사는 것이 진정 불가능하다면, 문제 원인을 기본소득 지지자들이 제시한 금액에서 찾을 것이 아니라 프랑스 내에서도 특히 물가가 높은 지역들에서 찾는 것이 바람직하겠다. 이 경우 기본소득과 함께 다른 무상 제도도 시행되어야 함을 잊지 말자. 예를 들면 집세 상한선 제도를 도입하는 것이다. 월 1500유로 이하로 사는 것은 생각조차 할 수 없다면 소비사회가 우리에게 요구하는 이런 생활수준 자체에 물음을 던져야 한다.

또한 지급액을 보편적 사회 정의(아프리카 아이들은 굶어 죽고 있는데 선진국에서는 무분별하게 과소비를 하고 있다거나, 생산비가 저렴한 개도국으로 생산시설을 옮겨 그 나라 환경을 오염시키는 것이 일례다. 이런 현실을 감안하지 않고 선진국에서 기본소득 금액을 무작정 올린다면 문제다.-옮긴이)와, 생산제일주의, 소비사회에서 탈피라는 화두와 어떻게 조화시킬 것인지도 살펴보아야 한다.

그러나 금액은 좌파가 끝까지 물고 늘어져야 할 요소는 아니다. 두 가지 이유에서다. 첫 번째, 기본소득 지지자들과 평생월급 지지자들 모두 금액이 충분해야 한다는 점에서는 마음이 같기 때문이다. 흥미로운 것은 그 금액들은 어쩔 수 없는 합일점을 찾게 된다는 사실이다. 기본소득 지지자들이 제시한 금액은 생활비가 올라가면서 점점 더 높아지는 반면[21], 베르나르 프리오가 제안한 평생월급은 2010년 월 2000유로에서 2012년 1500유로로 하향 조정되었다. 2015년이나 2016년에는 반드시 합일점을 찾을 수 있으리라 확신해 보자!

두 번째, 두 제도 중 하나가 어느 날 도입된다면, 그 금액을 정하는 것은 기본소득 지지자도 평생월급 지지자도 아닐 것이다. 누가 액수를 정하는가. 이 질문은 너무나 주관적이다. 그리고 그 누구도 "충분한" 생활수준을 영위하기 위한 적정 소득을 과감히 혼자 정해 버리지는 못할 것이다. 그러므로 여러 제안을 검토하자. 그리고 인내심 있게 민주적 토론을 벌이고 전체 합의를 거쳐 금액을 정해야 한다.

## 좀 더 평등하게 나누려는 노력

기본소득이나 평생월급으로 제안했던 절대 금액 문제는 차치하고, 지금은 그 금액이 사회적 불평등을 정당화하지는 않는지 숙고해 보자. 정당한 불평등이란 무엇인가? 더 노골적으로 말해서 무엇이 경제, 사회적 불평등을 정당화할 수 있는가. 이 질문에 대한 대답을 도출하려면 정치철학의 정의론까지 끌어들여야 한다. 무엇이 경제, 사회적 불평등을 정당화할 수 있느냐는 문제는 극좌에서 극우에까지 이를 정도로 스펙트럼이 넓은 주제다. 물론 이 물음에 대한 나의 대답은 사회적 불평등을 정당화할 수 있는 것은 없다는 것이며, 나는 완전한 평등주의를 지향한다.

〈프롤로그〉에서 말했듯이 민주주의 사회에서 그리고 민주주의 체제를 계속 유지하고자 합의한 사회에서, 시민들 간에 권리나 자유의 불평등이 발생할 때 소득 격차만은 엄격히 통제되어야 한다. 기본소득 지지자들과 평생월급 지지자들의 또 하나 공통점이 이것이다. 불평등은 정당화될 수 없고, 어떤 일이 있더라도 소득 격차는 엄격히 관리되어야 한다는 점이다. 베르나르 프리오는 생활수준의 최대 격차 비율을 1 대 4로 줄이자고 제안한 바 있다. 예를 들어 최하 등급인 사람은 월 1500유로를 받고, 최고 등급인 사람은 최대 6000유로를 받도록 하자는 것이다.

만일 우리가 소득 격차를 줄이자는 데 합의했다면 문제는 줄긴 하겠지만 여전히 소득 격차가 존재하며, 그러한 소득 불평등

을 정당화하게 된다는 사실이다.[22]

프리오는 자격을 근거로 소득 액수를 정하자고 제안한다. 여기서 '자격'이란 개인이 경제적 가치를 창출하는 데 기여할 수 있는 능력을 말한다. 즉 사회가 인정하는 생산 잠재성이라 하겠다. 프리오는 '자격'이 사람 자체에 부여되는 것이지 직위에 주어지는 것이 아니라고 주장한다. 이 '자격' 제도는 실제 활동에 상관없이 소득 금액이 정해지는 공무원 연공서열제에서 영감을 얻은 것이다. 사람들은 '자격'에 근거해 평생 소득을 받을 권리를 얻게 된다.

자격 등급에서 가장 낮은 등급은 대부분 자동적으로 주어진다. 연공서열제에서 직급이 올라가듯 시간이 지나면서 한 단계씩 상승한다. 진급은 일정한 시험을 거쳐 획득할 수 있다. 그러므로 자격을 얻는다는 것은 나이와 밀접할 뿐 아니라 교육 수준과도 연관되어 있다. 왜냐하면 프리오가 개인의 실제 역량과 학위(자격증)를 구분하고자 심혈을 기울여도 그는 기꺼이 다음과 같이 인정할 것이다. "학위가 개인의 자격 향상에 영향을 준다는 사실은 확실하다."[23]

보수에 따라 서열을 매기지 않는 사회는 유토피아다. 그러나 기본소득이나 평생월급을 논하는 이 마당에 유토피아를 두려워할 이유가 있는가? 프리오는 자격과 임금이 연관되어 있고, 서열이 존재한다는 사실을 받아들인다.[24]

그러므로 자격 수당 제도를 도입하는 것은 정의의 문제라기보다는 실질적, 정치적(예를 들면 자유경제시장의 논리를 지향하는 자유주의 우파 정권이라면 경영전문대학원을 나온 사람을 더 높게 평가할 것이고, 녹색당과 같은 생태나 환경을 중요시하는 정당이 집권하고 있다면 환경운동가를 더 높이 평가할 것이다.-옮긴이)이라 할 수 있다. 그리고 사실상 자격에는 그 어떤 정의(定義)도 없다. 왜 나이가 들수록 돈을 더 받아야 하나? 정말 퇴직자는 학생보다 돈이 더 필요한가? 자격을 얻는 데 중요한 것이 기여도이고, 기여도보다 더 큰 영향을 끼치는 것이 바로 계급이다.

이런 시각이라면 지적, 신체적 능력이 향상될수록, 자격 등급이 올라갈수록 더 많이 벌어야 한다. 그러나 잠재적 생산 능력이 증가함에 따라 돈을 더 많이 버는 것이 과연 온당한가. 그렇지 못한 사람들을 낙오시키면서까지 말이다. 이러한 불평등은 개인들의 실제 활동을 전혀 반영하지 못하기 때문에 정당성이 부족하다. 소득을 받을 권리는 오직 개인의 잠재성에 둔다. 그러므로 두 개인이 같은 활동을 했더라도 그들의 자격 등급이 동일하지 않다면 같은 액수의 소득을 받을 수 없다. 여기서 기여도는 추상적인 개념일 뿐이며, '각자에게 맞는 계급대로!' 식의 계급주의와 유사해진다.

그렇다면 자격이란 어떤 것이냐 묻지 않을 수 없다. 어떠한 기준으로, 어떤 사회적 효용에 따라 부여한 것인가? 자격은 사실상 자격 기준이 있다는 걸 전제로 하며, 능력과 노하우, 사회가 가치를 부여하겠다고 합의한 자질이 그것이다. 이는 그러므로 어떤 특정 재능, 일부 개인의 삶을 인정하거나 부정하는 것을 전제로 한다. 결국 이것은 사회적 효용에 대한 정의(定義)의 문제다. 오직 사회적으로 유용하다고 판단된 재능들만 인정받을 것이기 때문이다. 모든 것이 상대적인 유용성에 따라 가치가 다르게 매겨질 것이다. 이러한 재능들의 가치를 실제로 매길 때 겪는 어려움에 대해선 뒤에서 얘기하자.

결국, 이는 직급과 '사회적 인정'에 기반을 둔 능력 중심 제도를 공직에 적용하는 것과 다름없다. 게다가 베르나르 프리오도 원래 직급이란, "구체제 신분 차별 제도에서 비롯된 차별주의와 관련이 있으며, 계급사회에서 군인들이 계급을 선호하는 경향과 관련이 있다."고 강조한 바 있다.[25] 개인들을 차별하고자 하는 이 위계 제도를 정히 포기하지 못하겠다면, 실제로 이는 귀족인지 공화주의자인지 계속 구분하도록 방관하는 것과 다름없다. 계급의 상징적 기능을 유지한다고 치자. 그렇더라도 개인이 지금까지 쌓아 온 상징적, 사회적, 경제적 보상과 부를 인정하는 것이 과연 정당하고 유용한가? "큰 가치"[26]를 이미 사회로부터 인정받은 사람들(프리오의 시각에서 보면, 자격이 높아 사회적으로 인정받은 사람들)에게, 더 높은 소득을 지급하는 것! 이는 사회적 불평등을 더욱 심화시킬 뿐이다.

기본소득은 그런 불평등의 누적을 부추기지 않고 그 반대로 보상을 더욱 평등하게 할 수 있다. 우리 목표는 개인에게 지급되는 소득액을 균등하게 하고 상징적(사회적 인정), 사회적(자유 시간, 활동하면서 느끼는 행복감), 그리고 경제적(소득) 재분배를 평등하게 하는 것이다.

기본소득이 소득 불평등(물론 격차가 줄어든 소득 불평등)과 연관되지 말아야 한다는 의미는 아니다. 다만 그 어떤 판에서도, 그 누구도 이기거나 지는 사람이 생겨서는 안 된다는 것이다. 예를 들어 사회에서 큰 가치를 인정받은 사람들(등급으로 그 가치를 확인받은 사람들)이라도 높은 소득을 통해 더 큰 이득을 얻어서는 안 된다. 반면, 재미없고 고된 일을 하는 사람은 그에 대한 금전적인 보상을 받을 수 있어야 한다.

평생월급과 기본소득의 다른 점이 이것이다. 평생월급은 자격에 수당을 주려는(실제 한 일과는 무관하게) 반면, 기본소득은 고통의 정도(실제 한 일에 따라)에 따라 수당을 주고자 한다.

기본소득을 통해 보수를 어떻게 다시 균형 잡는지에 대해서는 뒤에서 자세히 살펴보자. 그러나 어쨌든 기본소득은 소득을 지급하고 소비도 하게 하므로 시장경제적 메커니즘의 틀 안에 있다는 것과, 일해서 얻는 '두 번째 소득'을 통해 보완해야 한다는 점을 우선 밝히고자 한다. 이것이 기본소득의 장점이자 최대 결점이다. 베르나르 프리오도 기본소득의 이런 점을 지적한다. 기본소득은 기초소득일 뿐이다. 즉 일해서 번 '두 번째 소득'으로 소득을 보완해야 한다. 그렇기에 기본소득은 노동시장을 없앨 수 없다. 결과적으로 임금노동자 착취 문제를 충분히 문제 삼을 수 없는 제도이다.

## 만병통치약은 아니다

(한 번 더 말하건대), 기본소득이 완벽하지 않다는 점을 받아들여야 한다! 평생월급도 마찬가지다. 그러므로 이제부터 주안점을 둘 것은, 제도들 가운데 가장 덜 나쁜 것을 선택하는 것이다. 다시 말해, 기본소득과 평생월급 둘 중 덜 나쁜 것을 선택하는 것이다. 그리고 나서 양 시스템에서 가장 좋은 점만을 뽑아 결합함으로써 결점을 보완할 수 있다. 그처럼, 만일 우리가 노동시장을 유지하는 대신 기본소득을 선택한다면, 그 경우 임금노동자들의 착취 문제를 뿌리 뽑기 위해 조합이 주도하는 노동시장을 장려하는 것이 바람직하다.

다음 사항도 염두에 두는 것이 좋겠다. 기본소득은 현 경제, 사회적 질서를 변화시키기 위한 제도로는 충분하지 않다. 사회를 변화시키는 데 동참하고, 변화를 가능케 하고 촉진할 수는 있다. 그러나 그 어떤 경우에도, 기본소득 도입이 자본주와 완전히 결별하는 것을, 또한 생산지상주의를 타파하기 위한 정치적 투쟁이 끝나 버리는 것을 의미하지는 않는다.

단 하나의 유일한 방책이 모든 것을 마법처럼 해결해 주리라는 생각은 경계하는 것이 좋다. 기본소득은 여러 가지 희망을 부풀어 오르게 하는 마법 같은 믿음의 희생양이 되기 쉽다. 즉 혁신적인 아이디어인 기본소득이 왜 더욱 혁신적이지 못한지, 또 왜 모든 문제를 다 해결하지 못하는지에 대해 비난을 받는다. 그러나 우리는 현실적일 필요가 있다. 기본소득은 완벽하지도 않고 충분하지도 않다.

현실성은 기본소득과 평생월급 중 하나를 선택해야 할 때 결정적인 기준이 될 수 있다. 우리는 가장 현실적인 제안을 택해야 한다. 그렇게 볼 때 평생월급 지지자들의 제안을 실행했을 때 예견되는 사회 모습이 안심되진 않는다. 평생월급 지지자들은 실제 하는 일은 무시한 채 소득의 전체 금액을 오로지 자격을 근거로 부여한다. 고되고 힘든 일은 어떻게 할 것인가에 대해서는 아무런 보완책을 마련해 놓지 못한 상태다. 기본소득은 이 문제를 어떻게 다루는지 뒤에서 살펴보자. 한편, 기본소득 반대자들은 기본소득이 개인의 일할 권리를 빼앗는다고 주장한다(힘들고 고된 일의 가치와 그러한 일을 할 사람들의 권리를 존중하지 않는 꼴이 된다는 지적이다.-옮긴이).

# 좀 더 일하기 위해
# 싸워 온 것이 아니다

보편소득이든, 기본소득이든, 시민소득이든 무엇으로 이름 붙이건 간에 어떤 이들은 이러한 제도 자체에 분개한다. 이 제도들 때문에 '완전고용'이라는 목표를 포기하게 되는 것은 아닌가, 실업자들이 일자리를 얻어 일하면서 행복해질 권리를 박탈하는 것은 아닌가 하는 우려에서다. '보편소득' 도입을 주창한 캐나다 철학자 길버트 보스(Gilbert Boss)가 강조하듯이, "사람들이 이러한 제도로 마음을 돌리는 시점은, 부유한 사회에서 실업자들이 늘고 사회가 전통적인(기존의) 방식으로 그러한 현상을 줄이거나 막지 못할 때다."[27] 사람들은 모든 이를 위한 소득 보장 제도를 부유국이 고실업률, 고용시장 악화를 완화하려고 도입하는 궁여지책으로 여긴다. 이 제도를 선택하는 것이 대량실업을 마치 운명인 양 받아들이는 것이라고 잘못 해석하기도 한다.

이러한 운명주의 탓에 사람들은 기본소득을 주창하는 좌파를 비판한다. 예를 들면 사회학자 기 아즈나르(Guy Aznar)는 "상상할 수 있는 한 가장 해롭고, 가장 위험하며, 더없이 파괴적인 생각이다!"[28]며 기본소득에 관한 모든 계획에 반기를 든다. 그 이유는 명확하다. "기본소득은 개인을 사회에 종속시킨다. 개인의 사회화를 파괴하고, 노동의 가치를 욕되게 하며, 사회적 소외를 자발적으로 용인하게 만들고, 부추긴다. 마지막으로 일할 권리를 부정한다. 만일 취약한 노동시장이나 실업 문제를 개선하고 싶다면, 개인에게 소득을 받을 권리가 아닌 일할 권리를 확보해 주어야 한다. 기본소득 형식으로 부를 최소한으로 나누는 것은 사실상 활동 인구 일부를 노동시장에서 격리하는 것을 정당화하고, 그러한 현상을 강화하는 것일 뿐이다."

국제금융관세연대(Attac, 자본거래세 도입과 시민활동을 위한 단체라는 뜻. 반세계화주의를 표방한다.-옮긴이)와 코페르니쿠스 재단 회원인 경제학자 미셸 위생(Michel Hussain) 또한 기 아즈나르와 동일한 진단을 내린다. 기본소득이 사회화의 주요 매개체인 일을 잃게 하여 기본소득에 의지해 살아갈 수밖에 없는 사람들과 사회에 완전히 편입된, 기존 소득에 기본소득까지 더해져 더 높은 소득을 받는 직장인을 갈라놓게 된다는 것이다. 결국 일과 소득의 분리는 노동과 소득의 분배 방법에 대한 문제를 야기한다는 것이다.

그러나 미셸 위생이나 기 아즈나르는 평등한 사회란 소득을 받을 권리에 기초해서는 안 된다고 본다. "모든 사람이 일하려면 각자가 더 적게 일해야 한다."는 일자리 나눔의 원칙에 기초

해야 한다는 것이다. 꼭 소득을 받을 권리를 얻어야 한다면, 그
것은 고용될 권리가 존중되고 그 권리가 보장된 후에나 가능하
다는 것이다.


## '일할 권리'란 허구이자 환상

하지만 그러한 주장은 한 번 생각해 볼 필요가 있다. 사회를
변화시키려 추구하는 진보 진영에서 일할 권리를 옹호하는 것이
과연 합당한가? 이 질문은 다소 생경할 수 있다. 일할 권리는 인
권선언에 새겨져 있고, 프랑스 제5공화국 헌법(1958년에 공포-옮긴
이) 서문에도 실려 있다. 이토록 역사가 깊은 일할 권리가 오늘날
사회 진보의 귀한 산물이자 노동운동의 승리 성과로 소개되고
있다니…. 맙소사!

일할 권리는 자본주의, 고삐 풀린 경제, '더 벌기 위해선 더 일
하라'는 슬로건을 헌법에서 용인한 것이라 할 수 있겠다. 노동운
동의 승리 성과라고? 어떻게 아직도 그렇게 믿을 수 있는가? 힘
든 노동을 할 권리라니! 이를 어떻게 설명할 수 있을까? 노동자
들이 고된 일을 할 권리에 집착했다고 어떻게 증명할 것인가. 과
거에 고된 노역과 강제노동을 근절하기 위해 투쟁했는데, 왜 군
이 고된 일을 할 권리를 다시 얻어 내기 위해 투쟁해야 한다는
말인가. 그건 말이 안 된다. "죽도록 힘들게 일하며 사나, 투쟁하

다 죽나 마찬가지!"라며 성난 견직물 공장 직공들은 외쳤다.

그러므로 일할 권리란 오늘날까지 신기하게도 끈질기게 남아 있는 허구이자 환상적 개념이며, 단지 위안을 주는 믿음일 뿐이다. 여기서 군이 19세기 노동자들 현실을 꼭 상기해 봐야 되겠는가? 빌레르메(Villermé)가 남긴 처참한 기록인《노동자들의 신체, 정신 건강 상태표》를 꼭 읽어 봐야 하겠는가?

결코, 이건 아니다. 일할 권리? 그건 말도 안 된다!

노동자들이 일할 권리를 주장했다는 것이 말이 되려면,《노동자들의 신체, 정신 건강 상태표》에서 노동자들이 빈곤과 무위(일 없이 빈둥거림)를 비난하고 있어야 한다. (하지만 그렇지 않았다!)

18세기 말, 영국 경제학자 애덤 스미스 이후 노동은 마치 부의 근원처럼 여겨졌다. 무위와 빈곤은 사회에 손해를 입히는 것으로 비난받았다. 진보주의자들은 노동은 강제로 해서는 안 되고, 자유에 기반을 두어야 한다고 믿었다. 따라서 극빈자나 거리 부랑자들이 직업을 갖지 못하는 것은 바로 길드, 독점가들을 비롯해 노동시장에 진입할 수 없게 가로막는 여러 장벽 때문이라고 생각했다. 결국 독점가들이나 길드를 없애는 것이 일하려는 의지가 있는 사람들에게 일자리를 구하게 해 주며, 또한 구걸이나 비자발적 빈곤을 없애는 길이라 믿었다.

마침내 1791년 프랑스 구걸 근절 위원회는 일할 자유를 공포했다. 일자리를 찾는 것, 그것은 사실상 사지 멀쩡한 모든 개인에게 부과된 의무였다. 또한 자본주의 정신과 재산 축적을 지향하는 새로운 사회 협약에 새겨진 의무이기도 했다. 바로 이것이 일할 권리의 실체다. 우파는 이를 잘 이해했다. 안타깝게도 좌파 역시 이를 잘 이해했다.

사회주의자 폴 라파르그(Paul Lafargue)는 포효했다. "프롤레타리아여, 부끄러운 줄 알라!" "공포정치의 후손들은 노동에 대한 종교와도 같은 믿음 때문에, 1848년 혁명 이후 승리 성과로 공장에서 하루 12시간까지 일할 수 있다는 내용이 담긴 법을 수용할 만큼 변질되었다."

"일할 권리를 혁명의 성과로 부르짖는" 프랑스 프롤레타리아여, 부끄러운 줄 알라. 일할 권리는 다름 아닌 비참해질 권리다.[29] 노동자들의 승리 성과라고? 노동자들의 항복이겠지! 19세기 노동자들이 분개할 때마다 자본가들이 수용했던 것은 결국 노동자들의 항복 조항이었다. 자본가들은 노동자에게 일할 자유를 부여했지만, 실제로 노동자들이 원한 것은 마음의 평안이었다. 너무나 고된 일터가 조금 더 편안해지는 것이었을 뿐이다. 노동자들은 어느 순간, 더럽고 불결한 국가 소유의 공장에서 자신들이 원하는 것을 얻었다. 노동자들의 승리라고? 정말 그럴까? 환상은 버리자. 일할 자유는 사실상 강제노동의 진보 버전이다. 자본가들이 이 자유를 좀 더 교묘하게 제약했고, 그것에 노동자들이 너무나 쉽게 적응했을 뿐이다.

어느 날 자본가의 공장에서, 그 이튿날 국가 소유의 공장들에서, 노동자들의 승리 성과라는 미명하에 '일할 권리'는 이렇게 탄생했다.


## 완전고용에 대한 미련을 버리자

일부 좌파는 일할 권리라는 명분을 내세우면서 일하지 않고 소득을 받을 권리를 도입하는 것에 반대한다. 이들은 책에서나 볼 수 있는, 자유롭게 할 수 있고 개인을 해방시키는 행복한 일과, 매일 반복되고 고된, 압도적 다수의 노동자가 하고 있는 현실적인 일, 이 두 종류의 일을 아주 마음 놓고 헷갈리고 있다. 힘들고 고되고 스트레스 받는 일들을 월급날과, 처지가 같은 몇몇 친한 동료 덕분에 그나마 견뎌 내고 있을 뿐인데 말이다. 일부 좌파가 옹호하는 것은 바로 이러한 일을 할 권리다. 이는, 소득에 대한 권리를 누리는 대신 부과되는 조건에 굴복해야 할 의무와 같다.

그런데도 국제금융관세연대 회원이자 경제학자인 장-마리 아리베(Jean-Marie Harribey)는 누차 강조한다. "원하든 원치 않든" 일은 "사회에 편입되는 핵심적인 매개체다." 일은 개인에게 "완전한 인간 그리고 생산자, 시민이 되기 위해 필요한 자질"[30]을 부여한다는 것이다. 이런 맥락에서 보면 일할 권리는 개인의 존엄성을 지킬 권리[31]가 구체화된 것으로 생각할 수 있으므로, 일할 권리가 소득을 받을 권리보다 기본적으로 상위에 있는 것이다.

장-마리 아리베는 일할 권리를 "원하든 원치 않든" "유감스럽게 생각하든 안 하든" 등과 같이 표현함으로써 자신의 말도 안 되는 주장이 마치 숙명인 양 말한다. 그러므로 실업이라는 주제와 맞닥뜨렸을 때, 기본소득 지지자들이 물러서 버리고 마는 현상보다 '터무니없이 열악한 일터'에서 일할 권리를 옹호하는 사람들이 갖고 있는 이런 이상한 운명주의를 먼저 의문시하고 비판해야 마땅하다. 우리 삶을 짓누르는 일이라는 육중한 무게는 받아들이면서 왜 용납할 수 없는 현상에 대해서는 반론을 제기하지 않는가? 기본소득 도입을 지지함으로써 우리는 일이 사회적으로 유용한 것을 만들어 내고, 사회적으로 인정받고 자존감을 찾을 수 있는 유일한 것이라는 그릇된 통념을 깰 수 있다.

기본소득은 일할 권리를 포기하는 것을 뜻하지 않는다. 단지 일할 권리에 대한 우리 시각을 변화시킬 뿐이다. 시민소득 도입을 지지하는 철학자 장-마르크 페리(Jean-Marc Ferry)는 일할 권리를 지지하는 사람들에게 일할 권리를 재정의해 볼 것을 제안한다. 그는 오늘날의 일할 권리를 권리-의무(국가는 개인이 일을 하는 데 걸림돌이 되는 법적, 제도적 장벽을 없애고 더 나아가 개인에게 적극적으로 일자리도 찾아 주어야 할 의무를 갖고 있다는 뜻이다. 예를 들어 장애인 고용을 어렵게 하는 법과 제도 등 여러 사회적 장애 요인을 없앨 뿐 아니라 그 장애인에게 일자리도 찾아 주어야 한다는 것이다. 이는 어떤 의미로는 국가가 개인에게 일을 강요하는 것으로도 볼 수 있다.-옮긴이)라는 개념으로 해석한다. 그렇다면 어떻게 국가는 이러한 의무를 지킬 수 있을까? 수십 년간 실업 문제를 해결하려던 노력도 결실을 맺지 못했는데, 완전고용으로 돌아가는 것을 그 어느 때보다 현실적인 해결책으로 믿고 있는 지금, 어떻게 국가가 이 약속을 지킬 수 있다는 말인가. 일할 권리는 요원해 보인다. 또한 페리는 말한다. "일반적으로 알려진 일할 권리란 임종을 맞을 위기에 처해 있다. 단지 복지국가의 관점에서 권리-의무라는 개념의 일할 권리가 존재할 뿐이다."

그러므로 일에 대한 시각이 너무도 편협한 우파식 접근은 다시 생각해 보아야 한다. 또한 태초에 일할 권리는 자유 권리였다는 사실을 기억해야 할 것이다. 일할 권리는 원래 "구시대적 생산방식의 산물인 노예노동·봉건적 생산방식의 산물인 예속 상태의 노동·전체주의 체제에서 의무화한 노역과 구분되는, 마르크스가 말한 형식상의 자유로운 노동, 노동 계약의 자유"를 보장하는 것이다. 그러나 권리-자유(권리-의무에서와 달리 여기서 국가는 개인이 일을 하는 데 걸림돌이 되는 법적, 제도적 장벽만 없애 준다. 나머지는 개인의 역량 혹은 자율, 자유에 맡겨 놓는 것이다.-옮긴이)를 위해 권리-의무를 포기하는 것으로는 충분치 못하다. 여기서 말하는 자유가 "부정적인 자유"이기 때문이라고 페리는 지적한다. "왜냐하면 이 자유는 개인들을 법적으로 보호하는 반면, 다른 개인들과 집단 그리고 국가는 속박되게 했기 때문이다." 즉, 이는 속박 속의 자유이다. 결과적으로 이 자유라는 것은, "우리가 원할 때 일할 수 있는 긍정적인 자유가 아니며, 선택한 일을 하면서 기쁨을 누릴 수 있는 자유가 아니다."[32]

기본소득을 통해 구체화되고 또한 일할 권리를 통해 추구해야 하는 바는 바로 개인이 원할 때 일을 할 수 있는 자유와, 자신이 선택한 일을 하면서 기쁨을 누릴 수 있어야 한다는 것이다. 페리에 따르면 기본소득은 "복지국가의 위선적인 제도 중 하나가 아니다. 진정한 일할 권리, 다시 말해 개인이 일을 할지 말지 자유롭게 선택할 수 있는 권리 그리고 사회적으로 유용하고, 사회적으로 인정되는 활동은(혹은 일은) 무엇인지 정의하도록 돕는다." 우리는 기본소득을 통해 비현실적이고 모순적인 완전고용을 포기할 수 있고, 완전고용보다 훨씬 바람직한, 완전 자유 활동을 구현할 수 있을 것이다.

### 일하고 싶은 자만 일하라

기본소득 지지자들은 이제 세 가지 반론에 직면한다. 첫 번째로 장-마리 아리베는 완전고용을 완전활동으로 대체하는 것을 비난했다. 이러한 대체는 "실업자들이 전력을 다해 일자리를 찾으려 하지 않고 사람들과 어울리며 희희낙락하거나 봉사활동이나 찾아다니며 보편소득에 의존해서 사는 것"[33]을 긍정하는 셈이라는 것이다.

장-마리 아리베가 어떤 말을 하건 일단 그렇다고 치자. 일부 노동 인구는 매일 단조롭고 반복적인 일을 찾아다니거나 고용센

터를 기웃거리는 대신에 자신들이 선택한 활동에 푹 빠질 것이다. 그러나 대부분 실업자는 진심으로 일자리 찾기를 원한다. 어깨를 짓누르는 경제적 어려움이나 사회적 압력에 등이 떠밀려서다. 어떤 진보적인 논문을 제시하며 굳이 더 설명할 필요도 없는 이유들이다. 이런 현실을 부정하는 것은 고된 일을 할 권리가 마치 지상 목표인 양 예찬하면서 좌파들이 스스로를 자승자박하는 꼴밖에 되지 않는다.

두 번째 반론은 미셸 위생이 제기한다. 만일 우리가 일할 권리 대신에 소득을 받을 권리를 주장한다면 "인구의 일부는 당연히 일을 하지 않으려 할 것"이라는 지적이다.[34] 소득을 받을 권리는 그 어떤 대가도 치를 일 없이 개인이 자유롭게 활동을 선택할 수 있도록 하는 긍정적인 자유에 근거한다. 노동 인구가 부분적으로 노동시장에서 이탈될 위험은 분명 있지만, 일하면서 행복해 할 수 있다는 미셸 위생의 주장은 의아하다. 만일 일이 그토록 행복한 활동이라면 왜 일부 사람들은 자발적으로 일을 집어치우며 일에서 멀어지려 하는 것일까. 결국 일하면서 행복해 하고 보수를 더 받는 것을 즐기는 이들이 있는가 하면, 어떤 이들은 일을 그만두고 자신이 선택한 다른 활동에 전념하고 싶어 한다. 이것이 도대체 뭐가 '문제'란 말인가.

이에 장-마리 아리베는 세 번째 반론을 제기한다. "분배할 수 있는 소득을 창조하는 것은 오직 일뿐"[35]이라는 것이다. 이 말이 맞다면, 일과 소득을 분리하는 것 자체가 이론적으로 불가능하

다. 거시경제학적 관점에서 모든 소득은 생산적인 활동의 결과
물이기 때문이다. 기본소득 지지자들은 물론 이러한 점을 잘 알
고 있다. 그런데 왜 사회는 구성원 각자가 어떤 활동을 해서건
사회적인 부의 생산에 기여했다고 인정하고 그 생산 가치를 구
성원 모두에게 분배해 주지 않는가? 이런 식으로 논리가 전개되
는 것을 피하기 위해, 일부 좌파는 기본소득이라는 개념 자체를
부정해 버린다. 이들은 소득을 받을 권리와 일할 권리를 모두 지
지하는 것을 더 선호한다. 그들은 사실 기본소득이 아웃사이더
와 인사이더로 분류된, 이원화된 사회를 만들까 봐 우려한다. 그
이원화된 사회에는 대체수입(예를 들면 한국의 실업수당-옮긴이)을 지
급받는, 일을 하지 않는 아웃사이더와, 일자리와 급여를 통해 사
회적으로 인정받은 인사이더가 있다.

그들의 우려는 기우다. 왜냐하면, 기본소득은 "사회 분열"의
길을 열기보다는 의견 분열의 길을 열기 때문이다. 물론 기본소
득은 "더 벌려면 더 일하라"를 신봉하는 사람들의 미친 소비 중
독을 막지는 못한다. 그러나 적어도 자유 시간의 가치를 아는 사
람들이 이 말도 안 되는 슬로건의 희생양은 되지 않도록 한다.
기본소득은 이윤 극대화라는 자본주의 욕망에 동의하지 않는 사
람들을 '성장'이라는 미친 경주의 트랙에서 구출하고, 물질적 구
속에서 놓여나게 한다.

기본소득을 받는 사람이라면, 서로를 떠미는 경쟁에 더는 참
여하지 않고, 자신만의 시간을 즐기기 위해 대중의 무리에서 멀

어지는 일도 가능할 것이다. 그리고 더 많은 이가 이 대열에 끼리라 예상할 수 있다. 왜냐하면 경주에서 하위권에 있는 사람들은 아마도 이미 이러한 불합리한 경주에 신물이 나 있을 것이기 때문이다. 경주에서 우리 앞에는 늘 누군가가 있었기 때문에 탈퇴 현상은 확산될 가능성이 크다. 결국 맨 마지막에 남은 마라토너는 스스로 물을 것이다. 아무도 참여하지 않는 경주를 계속해야 할 필요가 있는 것일까?

## 일자리를 나누는 제도

완전고용 개념에 애착을 갖고 있는 사람은 어떻든 간에 좌파임이 분명하다. 그리고 소득에 대한 권리를 간교한 술책이라고 나쁘게 볼 것이다. 그러나 이는 기본소득이 노동시간을 줄이거나 나누는 데 도움이 된다는 사실을 알지 못해서 생긴 결과다. 필리페 판 파레이스와 경제학자 야니크 판 데르 보르트(Yannick Van der Borght)가 증명하듯이, 기본소득은 일자리를 나누기 위한 무리 없는 방책이다. 기본소득은 "노동시간을 자발적으로 줄여 인건비를 줄인다."[36] 아즈나르와 위생이 두려워했던 사회 분열의 요인이기는커녕 기본소득은 노동시간이 줄어 개인에게 지급되는 보조금이다. 진정으로 일자리를 나누는 제도다.

일자리 나눔은 일부 노동 인구가 직업 활동을 순순히 포기할 때 가능하다. 그래야 일자리를 찾는 다른 실업자들에게 일자리를 줄 수 있다. 실업자들의 재취업률을 높여야 하는 관련 기관 공무원들의 부담도 덜어 줘 실업자들이 더 쉽게 재취업할 수 있기를 바란다. 재취업률을 높여야 한다는 부담감에서 놓여나면 공무원들은 자신들의 전문 능력을 더욱 효율적으로 살릴 수 있을 것이다. 실업자들이 취업 계획을 짜는 데 세세하게 도움을 주는 등 동반자 역할을 해 줄 수 있다. 그뿐만 아니라 기본소득은 창업하려는 이들에게 어느 정도 경제적인 안정을 보장해 줌으로써 일자리를 만들어 내는 역할도 할 수 있다. 그러므로 일할 권리와 소득을 받을 권리는 완전히 양립 가능하다. 일할 권리는 결국 소득을 받을 권리를 실현하기 위한 조건인 것이다!

3장

# 필요 없는 '노동'은 없다

# 거의 모든 사람이
# 사회에 이롭다

만일 개인이 자신의 활동을 자유롭게 선택할 수 있다면, 이는 신규 버전의 '일할 권리'가 낳은 긍정적인 자유라 할 수 있겠다. 그 경우, 사회는 왜 기본소득을 통해 모든 활동에 구분 없이 돈을 지원해야 하는가? '성실한 노동자'가 행복한 백수의 취미 생활 자금을 대는 게 말이 되는가? 미국 정치철학자 존 롤스도 묻는다. "왜 말리부 해변에서 빈둥거리며 서핑이나 하며 시간을 때우는 사람들이 생계를 잇기 위해 고되게 일하는 사람들이 낸 세금으로 최대화된 최저소득을 받아야 하는가?"

그러나 다른 시각으로 접근해 볼 수도 있겠다. 모든 개인이 소득을 받을 권리가 있다고 인정할 때, 개인의 활동이 무엇이건 그 활동에 대한 대가를 사회에 도리어 요구할 수도 있지 않을까? 이것이 바로 이 장에서 논의할 기본소득의 무조건성이다. 기본소득은 대가 없이 받을 수 있고, 수령자에게 어떠한 공익 활동도 요구하지 않는다.

앞서 살펴보았듯이 기본소득에는 원조나 연대의 논리가 적용되지 않는다. 개인이 어떤 활동을 하든 그 활동이 사회 전체의 부를 창출하는 데 기여한다는 인식이 바탕에 깔려 있다. 수령자에게서 그 어떤 대가도 요구하지 않는 이유는, 이미 수령자 각 개인이 그 대가를 치렀기 때문이다. 그러므로 또다시 개인에게 대가에 상응하는 의무를 부과한다거나 계약관계를 맺는 일은 있을 수 없다. 그러므로 더는 "사람들에게 아무 일도 하지 말라고 주는 돈"이라고 말하지 마라. 기본소득은 시민 각자가 자유롭게 사회에 기여하는 데 필요한 돈을 보장해 주는 것이다.

이 점을 좀 더 강조하고 싶다. 장-마리 아리베는 기본소득은 놀고, 모임을 갖고, 봉사활동을 하는 데 주는 돈이라며 비판했다. 그러나 내가 말하는 기본소득은 그런 개념이 아니다. 기본소득의 목적은 모든 사람이 향후 사회적 부(돈만을 말하는 것이 아님)를 창출할 수 있도록 더 나은 환경을 만들어 주기 위해 충분한 삶의 수준을 보장해 주는 것이기 때문이다. 그러므로 아리베가 우려하는 것, 즉 상품을 생산한 것에 대한 보수를 주듯이, 사회가 개인이 상품가치를 창출한 것에 대해 대가를 주는 차원에서 지급되는 소득이 결코 아니다. 이것은 우리와 우리 사회를 그리고 인간관계를 상품화하는 행위다. 우리가 진정 추구해야 할 것은 그 반대의 풍경이다. 기본소득은 무상의 영역을 확대해 반상품화에 크게 기여할 수 있다. 설령 상품화를 원할지라도, 가치를 정확히 매길 수 없는 사회적 부를 어떻게 계산할 것인가? 회사가 자신들이 만든 상품 값을 정확히 못 매긴다면 망하는 건 시간문제다.


## 굳이 유용한 활동을 골라내야 할까

기본소득은 개인이 선택한 활동을 통해 사회적 부를 창출하는 데 기여할 수 있도록 지급되는 돈이다. 개인이 선택한 모든 활동이 실제로 사회의 부를 창출하는 데 기여한다는 것이 그 전제다. 그 누구도 페탕크(쇠로 된 공을 교대로 굴리면서 표적을 맞히는 놀이-옮긴이)나 친구들끼리 하는 버브트 게임(2-4명이 어울려 하는 카드 게임-옮긴이)이 사회적 부를 창출하는 데 기여한다는 것에 의문을 제기하지 못할 것이다.

하지만 사람들의 모든 활동이 사회의 부를 창출하는 데 기여한다는 전제에 의문을 품는 이들도 있을 것이다. 그 원인은 어디에 있을까. 흔히 일이나, 경제적으로 인정되고 가치를 매길 수 있는 활동만이 사회적 효용이 있다고 한정해 버려서다. 그러나 시장은 사회적 효용 여부를 판단하기에 적합한 기준이 아니다. 예를 들면, 사회에서는 트레이더(trader)가 간호사보다 더 사회적으로 유용하다고 점수를 매겨 버리기 때문이다. 시장은 사회적 효용을 정확하게 평가하지 못할 뿐만 아니라 모든 시장경제 활동이 꼭 유용한 것만도 아니다. 모든 유용한 활동이 반드시 시장

경제 활동인 것도 아니고 말이다. 어떤 것은 무상으로 할 때 가치 있고 사회적으로 더 유용하다.

그러므로 우리는 시장을 사회적 유용성을 판단하는 기준으로 삼을 수 없다. 공공서비스나 비영리 활동 부문에서도 마찬가지다. 이참에 사회적 유용성이 무엇인지 좀 더 생각해 보자. 사회적 유용성은 늘 광의의 개념으로 생각해야 하지만, 사회적으로 유용한 활동을 정의하기 위해 끝없이 조사하지 않는 한 사회적 유용성의 범주를 정하기란 사실 어렵다. 그렇다고 시장이 아닌 다른 만족스런 기준을 찾는 것 역시 쉽지 않을 것이다.

그런데 만일 사회적으로 유용한 활동과 그렇지 않은 활동을 별 어려움 없이 구별해 낼 수 있다면 사회적으로 유용하다고 판단된 그 활동을 장려하기 위해 기본소득 말고 어떤 제도를 대신 실행할 수 있을까?

보편소득 도입을 강력히 주장했던 기본소득 지구네트워크 회원 야니크 판 데르 보르트와 필리페 판 파레이스는 참여보험과 참여소득을 살펴본다. 참여보험은 1990년대 말 벨기에의 실업보험제도를 개혁하려고 'TNT(Travail et Non Travail, 일과 일이 아닌 것이라는 뜻-옮긴이)' 위원회에서 만든 제도다. 이 제도는 사회적으로 유용한 모든 활동에 가치를 부여해 개인이 일에든 일이 아닌 활동에든 적극 참여할 수 있는 가능성을 열어 준다. 실업보험제도를 근원적으로 개혁한 것이라 할 수 있다. 판 파레이스와 판 데르 보르트가 말했듯이 "실업수당을 받기 위해 굳이 비자발적인 실업자가 될 필요가 없고, 사회적으로 유용한 활동을 하기만 하면 되기 때문"이다.

물론 우리는 위원회가 '사회적으로 유용한'이라고 정의 내린 활동이 뭔지 바로 의문을 품지 않을 수 없다. 불행히도 위원회는 사회적으로 유용한 활동이 뭔지 세부적으로 다루고 있지는 않다. 판 파레이스와 판 데르 보르트가 살펴본 바에 따르면, 사회적으로 유용한 활동이란 "비근로(non-work) 활동 중에서 개인에게만 유용하지 않고 사회에도 이점이 있는 활동"이다. 즉 휴식, 여가 활동, 소비 등처럼 개인에게만 이로운 활동은 아니다. 판 파레이스와 판 데르 보르트는 TNT 위원회의 생각을 약간 확장해 사회적으로 유용한 활동을 교육 활동, 가족을 돌보는 활동, 단체에서 하는 봉사활동으로 나눈다. 참여보험이 시행된다면, 이런 모든 활동에 보상을 받을 권리를 갖게 된다. 금액은 현행 실업수당 수준으로 지급된다.

참여보험과 비슷한 참여소득은 영국 경제학자 앤서니 앳킨슨 (Anthony Atkinson)[37]이 제안한 것이다. 앳킨슨은 TNT 위원회와 동일한 진단을 내렸다. "사회보험은 경제적 틀 바깥에 있는 사람들의 경제적 필요를 인정하지 않는다." "오랫동안 공식적인 직업의 세계에서 멀어져 있는 사람들"에게는 적용되지 않을 뿐 아니라 "라이프스타일이 다른 사람들도 인정하지 않는다."[38]고 지적한다. 참여소득은 이렇게 보편소득이 안고 있는 문제를 보완하기 위한 목적으로 만들어졌다. 모두가 합의한 '사회 기여 활동'을 하는 조건으로 근로자와 비근로자 모두에게 지급된다.

앳킨슨은 참여소득을 받을 수 있는 경우를 7가지로 정리했다. 급여를 받는 활동을 하거나 자영업을 하는 경우, 구직 중이거나 일을 시작하기 직전인 경우, 허가받은 기관에서 교육을 받는 경우, 아이들이나 노인·병자를 돌보는 경우, 자원봉사로 인정된 활동을 열심히 하는 경우, 병이나 장애 때문에 일하는 것이 불가능한 경우, 퇴직할 나이가 된 경우이다.

그러므로 참여소득은 사실상 기본소득에 해당된다(위에서 열거한 7가지 경우에 해당되지 않는 사람은 극히 드물다는 점에서-옮긴이). 다만 기본소득과 달리 참여소득에는 앞서 살펴본 7가지 조건이 붙는다는 점이 다를 뿐이다.


## 모든 활동이 가치 있다

요약하면, 참여보험과 참여소득은 사회적으로 유용하다고 생각되는 활동들을 가능한 한 폭넓게 잡아 장려하고 지원하는 데 있다. 사회적으로 유용한 활동 목록들이 완전히 정리되지는 않았지만, 참여보험과 참여소득 지지자들은 그 범주를 정의하고 있다. 액수의 문제를 제외하고 본다면, 기본소득과 크게 다른 점은 없다.

기본소득에 참여보험과 참여소득의 지급 조건을 적용해 보자.

기본소득을 받으려면 돌볼 아이가 있거나, 여러 가지 활동을 하고 있거나, 퇴직할 나이가 되었거나, 교육을 받고 있거나, 봉사 활동을 하고 있으면 된다. 오늘날 이 다섯 가지 조건에 해당되지 않는 사람이 과연 얼마나 될까? 이렇게 명목상으로 지급 조건을 정하는 것이 실제로 얼마나 효용이 있을지 한번 생각해 봐야 한다.

한편, 그런 조건화에 내재된 문제들도 눈여겨볼 필요가 있겠다. 조건화는 개인들의 활동을 통제한다. 지급되는 금액이 높아질수록 통제의 수준도 강화된다. 판 파레이스와 판 데르 보르트가 강조했듯이 우리는 "미성년 자녀 혹은 연로한 부모와 한 지붕 아래 함께 산다거나 교육기관에 등록했다는 사실을 증명하고, 구직 증명서·취업 증명서·봉사활동 증명서 등의 자료를 제출함으로써 그 자격을 인정받을 수 있다."[39]

그러나 이러한 통제는 아무런 실효성이 없다. 대부분 사람이 이 조건들 중 하나를 별 무리 없이 충족시킬 수 있기 때문이다. 그러므로 이제 통제가 좀 더 엄격해지리라 예상해야 할까. 그렇다면 통제는 어느 정도로 엄격해야 하는가? 아이들을 제대로 키우고 있는가, 노인들을 잘 돌보고 있는가, 열심히 그리고 효율적으로 봉사활동 시간을 보내고 있는가, 정말 적극적으로 구직 활동을 하고 있는가 등등을 일일이 확인해야 할까? 그런 통제는 과연 받아들일 만한가? 꼭 필요한가?

앳킨슨과 TNT 위원회가 사회적으로 유용하다고 정의한 활동 목록을 읽다 보면 우리가 그 목록에 해당되는 활동을 하고 있음을 어렵지 않게 알 수 있다. 그러므로 우리 각자는 사회의 부를 창출하는 데 기여하고 있는 것이다. 그런데도 개인을 통제하는 것이 대체 무엇이 좋단 말인가? 더욱이 유용한 활동이 끝없이 나열되는 목록을 작성하는 것은 너무나 지루한 일이다. 예를 들면, 허가받은 협회에서 하는 봉사활동의 사회적 유용성과 비공식 협회에서 하는 봉사활동의 사회적 유용성을 꼭 비교해야만 하는가? 캘리포니아 친구들과 서핑을 하며 한가로이 보내는 이들은 서로의 건강에 기여하고 있지 않은가? 요트 클럽 활동이나 페탕크나 버브트를 하는 것도 마찬가지다. 사회적으로 유용한 활동을 끝없이 나열해 작성하고 개인별로 기본소득을 지급받을 만한 활동을 잘하고 있는지를 통제하기보다는, 다음으로 결론을 내는 것이 훨씬 간단할 것 같다. "사회가 집단적으로 유해하다고 명시한 행위를 제외하고는 모든 활동이 사회적으로 유용하다."

# 몇몇 무임승차자 때문에
# 포기해야 할까

사회에 해악만 끼치지 않는다면 인간이 하는 모든 행위는 사회에 이득이 된다.

이제 모든 이에게 기본소득을 지급하자고 주장할 때 제기되리라 예상되는 몇 가지 의문을 떠올려 보자. 합법적이라고 이름 붙인 모든 행위에 돈을 지원하는 것은 과연 온당한가? 저마다 합법적이지만 개인적으로는 없어졌으면 좋겠다고 생각하는 행위들이 있을 것이다. 그러나 문제는 그 행위가 사람마다 다르다는 점이다. 투우 경기가 그 예다. 만약 당신이 동물 학대에 예민한 사람이라면 투우 경기를 해악을 끼치는 행위로 볼 것이다. 그뿐만 아니라 기본소득 지급이 투우 경기에 푹 빠져 있는 얼간이 애호가들의 야만적인 취미 생활에 더욱 불을 붙이는 꼴이 되리라 우려할 것이다.

사회가 제대로 판단을 하기는 한 걸까? 기본소득이 지급되지 말아야 할 '유해 행위의 영역'을 사회 구성원이 모두 참여해 민주적으로 지정할 수는 없는 걸까? 당연히 할 수 있다! 바로 '법'을 통해서! 유해 행위는 주로 입법자들이 지정한다. 법이 투우 경기를 합법화하면 투우 경기 애호가들은 정부에서 받은 보조금으로 의기양양하게 자신들의 취미 생활을 즐기게 될 것이다. 그런가 하면, 역시 기본소득 수령자인 투우 경기 철폐 지지자들은 이러한 결정에 "끝까지 싸우리라"는 의지를 더욱 불태울 것이다. 투우 경기를 금지하기 위해 투쟁할 시간을 내거나(기본소득을 받으므로 돈을 버는 데 쏠 시간을 자신의 신념을 관철하기 위한 투쟁에 할애할 수 있다.-옮긴이) 혹은 다원주의 사회에서 '사회적 효용'의 개념을 바꾸려 노력할 것이다. 바로 이것이 기본소득이 지급될 때, 싫은 행위를 놓고 찬반양론으로 갈릴 때 발생할 수 있는 시나리오다.

또 다른 의문도 있다. 투우 경기가 좋건 싫건, 투우 경기 애호가들은 적어도 사회에 기여하는 경제활동 인구다. 그렇지만 놀고먹는 이들은 어떻게 하면 좋을까? '사회적 효용'이라는 허울좋은 개념은 제쳐 두고서라도, 일단 그들은 사회를 위해 하는 일이 아무것도 없다. 공동체나 사회에 아무런 기여도 하지 않고 기본소득만 받아 챙기는 이들을 도대체 어떻게 하면 좋을까? 바로이 '무임승차자들', 기본소득이라는 시스템 내에서 참여는 하지 않고 이득만 보려는 이들을 어떻게 하면 좋을까?

## 무임승차자들

기본소득 무임승차자들이 처할 운명에 대해 논하기 전에, 일단 이들이 도대체 어떤 작자들인지부터 파헤쳐 보자. 그들은 사회와 어떤 것도 주고받지 않고 단절된 채 살아간다. 그렇다면 무임승차자의 모태는 누구이고, 이들의 면면은 어떠할까?

첫 번째 모태 후보는 중세의 기독교 수도자들이다. 이들은 속세를 떠나 수도원 공동체에서 생활했다. 그러나 수도원 생활도 공동체 생활이자 '사회생활'이나 다름없다. 우리는 이 수도자들이 만들어 내는 사회적인 이익을 결코 무시할 수 없다.

그러나 은둔 수행자라면 이야기가 다르다. 산속이나 사막에서 홀로 기거하는 이 은둔자들이야말로 무임승차자의 유력한 모태 후보다. 그렇지만 이들 역시, 깊은 명상의 산물로서 우리에게 지혜를 선사해 주고, 구걸하며 각국을 도는 수행자들을 제자로 맞이하기도 한다. 잠깐, 전 세계를 돌며 구걸하는 수행자? 이들이야말로 진정한 무임승차자가 아닐까! 이들은 명상도 제대로 하지 않고, 그렇다고 공동체 생활을 하는 것도 아니다. 하는 일이라고는 혼자 이곳저곳을 전전하며 구걸하는 일밖에 없다. 그런데도 결국엔 바로 이들 덕분에 우리가 은둔 수행자들의 존재를 알 수 있는 것 아니겠는가. 이 점이 그들이 사회에 기여하는 바다.

유력한 모태 후보였던 수도자, 은둔 수행자, 구걸 수행자들을 살펴보았다. 공동체 생활에서 멀어진 점, 자발적으로 스스로를 사회에서 고립시킨 점(일부 예술가나 작가들은 창조적 영감을 얻기 위해 일정한 거주지 없이 돌아다니며 살거나 고립된 삶을 선택하기도 한다)을 이제는 현대사회에 적용해 우리 시대의 무임승차자들을 색출해 보자. 혹시 '히키코모리(사회생활에 적응하지 못하고 집 안에만 틀어박혀 사는 사람들을 일컫는다.-옮긴이)'가 진정한 무임승차자는 아닐까? 히키코모리들은[40] "그들의 가장 기초적인 생명 활동에 필요한 극소수의 사람을 제외하고는 그 누구와도 사회적 관계를 맺지 않고 방문을 굳게 잠근다." 히키코모리는 대부분 부모와 사는 청소년이다. 히키코모리 현상은 수개월 혹은 수년 동안 계속된다(어떤 경우에는 죽을 때까지 지속되기도 한다). 어떠한 사회적 관계도 거부하고 심지어 자신과 가장 가까운 이들과도 교류를 거부하는 이 극단적인 현상은 일본에서 특히 두드러진다. 미국과 유럽에서도 히키코모리의 존재가 보고되고 있으며, 프랑스라고 예외는 아니다. 히키코모리의 특징 중 하나는 비디오게임, 인터넷, 만화 등이 안내하는 가상세계로 도피하여 안식을 얻는다는 점이다. 그러나 그러한 이유로 이들 또한 엄밀히 말하면 아무것도 안 하는 '비활동자'는 아니다. 나름의 활동을 하며, 그것도 엄청난 열정을 갖고 한다. 다만 홀로 활동하고, 사회적으로 긍정적인 결과를 가져오지 못할 뿐이다.

　자, 히키코모리가 유력한 모태 후보로 뽑혔다. 비슷한 경우로, 비디오게임 중독자들은 어떨까? 이들은 히키코모리의 극단적인 폐쇄성은 없고 인간관계를 최소화한 채 몇 시간이고 게임에만 몰두한다. 또 다른 후보들로는 바 죽돌이, 그물침대 굼벵이 등이 있겠다. 솔직히 얘기해 보자. 이들은 과연 사회적인 부를 창출하는 데 기여한다는 명목으로 기본소득을 받을 만한 자격이 있는가?

그러나 이들이 기본소득을 받는다고 해서 다른 구성원들이 피해를 입는가? 어차피 다른 이들도 다 받을 거다. 이들의 행동에 가장 피해를 입을 사람들이 누구인지 생각해 보자. 광장공포증, 우울증, 불행함에 스스로 고통받는 그 자신이다. 보통 사람들은 아무 이유 없이 사회적인 관계를 피하려 하지 않고, 사회적 관계를 떠나서 인간은 행복해지기도 어렵다.

이렇게 이미 불행한 이들을 굳이 더 불행하게 만들어야 하는가? 왜 이들에게 유인을 제공해 사회 참여를 독려하지는 못할망정 더 배제하려 하는가?


## 결국은 신뢰의 문제

사실 무임승차자에 대한 공포는 집단 망상증에서 나오는 것 아닌가? 무임승차자에 주목한다는 것은 우리가 동시대를 살아가는 사람들을 신뢰하지 않는다는 사실을 확인시켜 준다. '왜 히키코모리들에게 우리 재산 일부를 약탈당하고 착취당하고 빼앗겨야 하는가.' 현대사회에서 이런 태도는 별스럽지 않다. 늘 경쟁해서 자원을 나눴기 때문이다. 다른 사람들은 가졌는데 나는 못 가졌다면 이런 상황을 받아들일 만한 이유가 있어야만 한다.

경제학자들이 '공공재'라 부르는 재화를 제외한다면, 이러한 의문엔 일리가 있다. 공공재는 많은 개인을 이롭게 하고, 그 누구도 부당한 대우를 받았다는 생각이 들지 않게 한다. 도로나 공원, 대중교통이 대표적인 공공재다.

이렇듯 공공재는 모든 이를 이롭게 한다. 공공재가 사회적 부나 다름없다. 그러므로 사회적 부를 창출하는 일에 참여해서 잃을 것은 아무것도 없다. 우리는 모두 사회적 부를 창출하는 데 투자할 마음도 갖고 있다.

그러나 안타깝게도 개인주의 사회다. 모든 질문은 해당 공공재에 투자할 만한 가치가 진정 있을까에 쏠린다. 여기에서, 무임승차자가 되어 볼까 하는 유혹이 진정 커진다. 어떤 것에 아무 수고도 들이지 않고 이익만 얻고자 하는 마음.

'게임이론'으로 이러한 상황을 분석해 보자. 이름 하여 '공공재에 자발적으로 투자하기 게임'[41]이다. 게임 참여자들은 자신들이 초기에 받은 돈의 전체나 일부를 투자할 수 있다(물론 꼭 투자해야 할 의무는 없다). 그들이 투자한 돈은 오롯이 이익으로 돌아오고, 다른 사람들도 이롭게 할 것이다. 투자하지 않은 돈은 두 배로 불어나지만, 그 이익은 본인에게만 돌아온다. 그러므로 이 게임은 자신의 돈을 투자하지 않은 무임승차자가 투자한 사람들 사이에서 어떻게 이익을 얻는지를 보여 준다. 물론, 사회적 최적 상태는 모든 참여자가 자신들의 초기 할당액을 모두 공동의 프로젝트에 투자할 때 이루어진다. 그것이 바로 모든 참여자가 최종적으로 얻을 수익을 극대화하는 길이다.

무임승차자는 주로 극도로 협조가 잘되는 집단에 잠입한다. 그래야 더욱 큰 이익을 얻을 것이기 때문이다. 만일 모든 참여자가 자신들의 초기 할당액을 투자한다고 가정할 경우 가장 좋은 전략은 좀 치사하지만 본인도 초기 할당액을 투자한 듯 연기를 하는 것이다. 그렇게 되면 실제로는 단 한 푼도 투자하지 않고서 공동이 노력해 얻은 결실을 거저 얻게 된다. 한 번 정도는 천 명을 속일 수도 있다. 그러나 계속 무임승차를 하면 언젠가는 다른 참여자들이 그 사실을 눈치 챌 가능성이 커진다. 그럴 경우 참여자들은 점점 더 단결하지 않게 되고, 집단의 부는 회복하기 어려울 정도로 줄어들 것이다. 참여자들은 급속도로 자신만 생각하게 되어, 섣불리 공공재에 투자하지 않고 자신의 돈을 따로 챙겨놓을 것이다. 이는 자기 돈을 공공재에 투자했다가 다른 사람들에 비해 불이익을 당하지 않을까 하는 염려 때문이다.

이러한 추론은 불합리하다. 참여자들 중 두 명만 공공재에 투자해도 그 두 명이 최종적으로 얻을 수 있는 수익은 아무 투자도 하지 않았을 때의 값과 동일하다. 만일 무임승차자도 동참한다면, 전체 이익은 더 커진다. (게임 참여자 각자가 갖고 있는 투자금이 100원이라고 가정했을 때, 투자자 자신에게는 100원의 이익이 돌아가고, 그 외 구성원들에게도 100원씩 이익이 돌아간다. 두 사람이 투자를 한다면 각자의 100원은 자신뿐 아니라 상대방도 100원 이롭게 하여 결국 각자 200원의 이익을 얻는다. 100원을 전혀 투자하지 않은 사람은 초기 투자금이 2배로 늘어 200원의 이익을 얻는다. 그러나 이 경우는 자신만을 이롭게 한다. 결과만 놓고 보면 투자한 두 사람과 투자하지 않은 사람이 얻는 이익이 200원으로 같다. 그런데 만약 무임승차자 1인이 마음을 바꿔 공공재에 100원을 투자하기로 결정한다면 3명은 각자 300원의 이익을 얻는다. 동참하는 사람이 많을수록 전체 이익이 커지는 것이다.-옮긴이)

이 게임이론 실험을 통해 얻은 결과가 완전히 실망스럽지는 않다. 우리는 사실 참여자들이 자신들의 초기 할당액 중 50퍼센트가량만 투자한다는 사실을 알고 있다. 그러다 평균 참여율이 점점 줄어 아주 낮은 수준에까지 떨어지고 만다.[42] 그러나 좀 더 면밀히 살펴보면, 실상은 겉으로 보이는 것보다는 덜 암울하다. 왜냐하면 관찰해야 하는 것은 평균 이상으로 투자하는 사람들의 전략에 있기 때문이다. 게임 참여자들 유형은 이타주의자, 기회주의자, 무임승차자 세 종류다. 늘 그렇듯 무임승차자들은 절대 공동의 투자에 참여하지 않는다. 반대로 이타주의자들은 늘 참여한다. 기회주의자들은 무임승차자와 이타주의자들 수의 변동에 맞춰 자신의 행동을 결정한다. 이타주의자가 많을수록 기회주의자들은 협력하려 하고 투자도 한다.

무임승차자들이 있더라도 계속 협력하는 편이 낫다. 비록 적더라도 참여자 몇 명이 모험을 한다면 모든 이의 운명은 개선될 것이다. 물론 무임승차자들은 다른 이들보다 곤란한 상황에서 더 잘 벗어날 것이고, 협력적인 참여자들은 그들에게 유감을 품을 것이다.

　그러나 중요한 것은 이타주의자들의 절대적인 참여는 언제나 협력하지 않는 사람들보다 더 낫다는 점이다. 그들의 협력적인 태도가 기회주의자들의 이타심을 일깨울 수도 있다. 그리고 무임승차자들은 결국 사회적 압력을 받아 최소한이라도 집단에 기부하지 않으면 안 되는 처지에 놓이고 만다. 집단에서 기부 논리는 늘 이런 식으로 진행된다.

　그러므로 협력자들에게 무임승차자의 존재 따위가 대체 뭐가 중요하단 말인가. 정말 중요한 것은 협력자들의 운명이다. 협력자들은 자신들이 협력한 것에 대해 충분히 이익을 보게끔 되어 있다.

　그러므로 무임승차자들 문제로 기본소득 도입을 미룰 이유는 없다. 기본소득을 이용해 먹으려는 자가 아닌, 모든 사람이 수령자가 될 것을 기대해야 한다. 일부 사람들이 기본소득 제도를 악용한다는 이유로 모두에게 이익이 되는 기본소득 도입을 포기해야 하는가? 이런 징벌식의 논리는 이제 전개하지 말자. 집단 편집증을 그대로 유지하느니, 서로 신뢰를 쌓고 아주 소중히 이 '공공재'를 관리하자. 그래서 우리 모두 그것의 결실을 누리자.

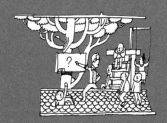

4장

# 계산기를 두드려 보자

# 돈 버느라
# 인생을 소진할 수 없다

 사회가 개인의 어떤 행동을 해롭다고 규정하지만 않는다면, 그 외 모든 개인의 행위는 사회적 부를 창출하는 데 기여한다는 사실을 앞서 보았다. 그렇기 때문에 모든 이에게 기본소득을 지급해야 할 근거는 충분하다. 그러나 창출된 사회적 부가 반드시 사회가 올바로 작동하도록 쓰이는 것은 아니며, 사회 구성원들의 모든 필요에 부응하지도 못한다.

 기본소득이 모든 활동의 사회적 쓸모를 인정하고 장려함으로써, 사람들이 일해서 번 돈으로 자신의 경제적 문제를 이겨 내려 하지 않고 기본소득에만 의존하려고 하지는 않을까? 앞서 나왔던 기본소득을 우려하는 주장들을 다시 떠올려 보자. 미셸 위생은 기본소득이 도입되면 일부 사회 구성원이 노동시장에서 이탈할 가능성이 있다며 그 위험성을 경고한 바 있다. 미셸 위생이 "일은 행복한 것이기보다는 고통스러운 것이다."를 전제하고서도 이런 주장을 했다는 점이 참으로 놀랍다. 우리 중 대부분은 '노동의 가치'라는 말이 주는 부담감과 노동해야 할 의무 때문에, 좀 더 구차하게 말하면 '벌어먹고 살아야 하기 때문에' 일을 하고 있다. 만일 일이 고통스러운 것이라는 전제가 옳다면, 미셸 위생의 주장대로 "모든 이가 일하기 위해 적게 일해야 할 것"이 아니라 "적게 일하기 위해 모두 일해야 한다."가 옳을 것이다.

노동시장에서 노동자들이 대거 이탈하는 현상을 우리는 물론 두려워할 수 있다. 그러나 한편으로는, 그러한 현상을 겪으면서 사회가 스스로 경제적 필요를 얼마나 충족시킬 수 있는지 그 능력을 확인해 볼 기회도 될 것이다.

하지만 안심하자. 기본소득을 지급하면 노동시장에서 노동자들이 대거 이탈하리라는 걱정은 일견 그럴듯해 보이지만, 실제로는 근거 없는 두려움이다. 기본소득을 둘러싼 토론에서 단골 메뉴로 등장하는 '근로 의욕 저하 조장'이 두말할 나위 없이 좋은 예인데, 이것이 기우라고 말할 근거는 이미 있다.


## 일을 안 할까

만일 더는 돈이 필요하지 않은데도 당신은 일을 계속하겠는가? 이는 2010년 실시한 설문조사[43] 참여자들에게 던진 수많은 질문 중 하나다. 조사 결과를 보면, 응답자의 15퍼센트가 만일 소득이 보장된다면 무엇을 해야 할지 모르겠다고 대답했고, 42.5퍼센트는 계속 일을 하겠다고 응답했으며, 지금 하고 있는 일을 그만두겠다고 응답한 사람도 상당수였다. 물론 지금 일을 그만둔다는 것이 직업의 세계에서 완전히 떠나겠다는 뜻은 아니다. 지금 일을 그만두고 다른 일을 하게 될 수도 있다.

만일 더는 돈이 필요하지 않은데도 당신은 일을 계속하겠느냐는 주제로 스위스와 독일에서 제작된 다큐멘터리 〈기본소득〉[44]은 또 다른 흥미로운 결과를 보여 준다. 응답자 중 약 60퍼센트는 기본소득이 지급돼도 변함없이 지금 일을 하겠다고 말했고, 30퍼센트는 현재의 일을 유지하되 노동시간을 줄이거나 다른 일을 하겠다고 응답했다. 오직 10퍼센트만이 일을 당장, 완전히 그만두겠다고 말했다. 그런데 흥미로운 것은 응답자들에게 이런 상황에서 다른 사람들은 어떻게 반응할 것 같은지 묻자 80퍼센트가 다른 사람들은 바로 일을 그만둬 버릴 것이라고 대답했다. 신뢰, 언제나 신뢰가 문제다!

물론 이는 가정한 상황을 두고 응답한 것일 뿐이다. 기본소득이 실제로 시행되었을 때 응답자들이 설문지에 쓴 그대로 행할지 안 할지는 알 수 없다. 정말 솔직히 말하면 1970, 80년대에 북미에서 진행한 여러 실험에서 많은 시사점을 얻을 수 있다.

1960년대 말, 미국은 진지하게 기본소득을 고려한 바 있다. 밀턴 프리드먼의 조언과 수천 명의 경제학자들의 청원에 공화당 출신 리처드 닉슨 대통령은 가족 부조 계획의 틀에서 음의 소득세를 도입하려 했다. 물론 이 계획은 수많은 우려와 반대에 부딪혔는데, 가장 큰 이유가 '근로 의욕'이 떨어질 위험이 있다는 것이었다. 수많은 논란을 잠재우기 위해 의회는 거액의 연구비를 들여 음의 소득세가 낳을 수 있는 사회, 경제적 영향을 조사했다. 그러므로 음의 소득세는 최초의 대규모 사회과학 프로젝트였다.

뉴저지 주와 펜실베이니아 주의 6개 도시에서 신중하게 선택한 1400가구 이상이 4년 동안 음의 소득세를 받았다. 2인의 성인(18-54세)이 포함된, 소득이 빈곤선의 150퍼센트 이하인 가구들(당시 소득으로는 4인 가족 기준 연 4700달러 이하)이었다. 연구는 여기서 그치지 않는다.

1차 실험 결과를 보완하기 위해 다른 실험 대상들을 선택해 새로운 프로그램을 진행한다. 그중 하나로 1970년대에 '시골 지역 소득 유지 실험(Rural Income Maintenance Experiment)'을 실시했는데, 이는 아이오와 주 시골에 사는 백인 가구와, 노스캐롤라이나 주 시골에 사는 흑인 가구에 음의 소득세를 지급할 경우, 피실험자들의 노동 양이 얼마나 달라지는지 조사하기 위한 것이었다. 같은 해에 덴버와 시애틀에 사는 약 5000가구도 다른 프로그램에 참여했다. 이들은 일 년 소득이 1만 3000달러로 빈곤선의 340퍼센트인 고소득 가구였다. 특히 이들에겐 다른 프로그램 피실험자들보다 음의 소득세를 후하게 지급했다. 그룹별로 연간 3800-5800달러를 지급했다.

1971년 인디애나 주 게리에서는 또 다른 집단을 실험 대상으로 삼았는데, 대부분이 편부모 가정이고 소득이 빈곤선의 240퍼센트 이하인 흑인 1800가구였다.

1970년대 말 캐나다 정부도 매니토바 주 위니펙에서 실험 프로젝트를 진행했다(미국 실험에 고무되어 캐나다에서도 동일한 실험을 진행했다.-옮긴이). 덴버와 시애틀에서와 동일한 기준으로 뽑은 1300가구를 조사 대상으로 삼았다.

이 모든 실험을 통해 얻은 결론은 꽤 안도할 만했다. 전체적으로 볼 때, 음의 소득세가 노동의 양에 미치는 영향은 전체적으로 약했고, 실험 참여자들의 처지에 따라 결과는 크게 다르게 나왔다. 특히 성별에 따라 크게 달랐다. 남성보다 여성에게서 음의 소득세 효과는 세 배가 높았다. 물론 미국 실험들의 경우 실험이 1970, 80년대 진행되었다는 사실을 감안해야 한다(1970년대 미국에선 여성들의 사회생활을 장려하지 않았다. 당시 이상적인 여성상은 가정을 화목하게 꾸리고 육아와 가사를 잘해 내는 현모양처였다.-옮긴이). 전체 실험에서, 남성들의 노동시간이 평균 1-9퍼센트 준 반면 여성들의 평균 노동시간은 3-27퍼센트 줄었다. 가장 많이 준 경우는 '시골 지역 소득 유지 실험'에서였다. 이 프로그램에서 남성은 노동시간이 8

퍼센트, 여성은 27퍼센트까지 줄었다. 이처럼 노동 양만 보면 음의 소득세 효과는 시골과 도시가 다르게 나타난다.

음의 소득세가 노동 양에 영향을 미친다는 사실은 음의 소득세를 늘렸을 때 결과를 보더라도 알 수 있다. 음의 소득세의 금액 수준을 그룹에 따라 빈곤선의 50퍼센트에서 125퍼센트까지 올린 뉴저지 주에서는 참여자들의 노동시간이 평균 1.4에서 6.6퍼센트까지 줄었다. 음의 소득세 수준이 가장 높았던 덴버나 시애틀에서도 남성들의 노동 양이 9퍼센트 줄었고, 여성들은 20퍼센트까지 줄었다. 음의 소득세가 많아질수록 노동 양에 미치는 영향력이 커진다는 사실을 알 수 있다.

결과적으로 노동 양의 감소 현상은 예상한 것보다 심하게 나타나지는 않았다. 이 실험 전체를 분석한 경제학자 마이클 킬리(Michael C. Keely)는 전체 노동시간에서 평균 7-9퍼센트가 줄었다고 결론을 냈다[45]. 그리고 스탠퍼드 대학 경제학자이자 고용문제 전문가인 로버트 홀(Robert Hall)은 이러한 노동시간의 감소는 직업 하나로는 생계를 잇기 곤란한 이들이 일이 끝난 후 하던 아르바이트를 줄인 것이거나, 여성이나 학업을 마치지 않은 성인들이 노동시간을 줄인 것으로 풀이했다[46].

놀랍게도, 이렇게 고무적인 결과(노동의 양이 적게 줄어든 결과-옮긴이)에 대해 정치권 반응은 미지근했다. 음의 소득세 도입을 지지했던 대부분 국회의원은 노동시간 감소라는 결과가 이 제도의 위험성만 보여 주는 것이라 해석했다. 결국, 노동시간이 많이 줄어든 건 아니지만 노동시간이 준 데다 이러한 해석 문제까지 겹쳐 음의 소득세의 경제적인 가치는 무시되었다.

그러나 음의 소득세가 경제적으로 가치가 있는가를 살펴보려면 우리가 대부분 예상할 수 있었던 노동시간의 감소 효과보다 노동시간 감소가 노동시장 전체에 미칠 영향력을 살펴보았어야 했다. 이러한 관점에서 보면, 음의 소득세 도입이 확실히 긍정적으로 해석된다[노동시간이 감소해 비자발적 실업자도 줄 것이고(일자리 나눔이 가능), 사람들은 처음 잡히는 아무 일이나 수락하지 않아도 될 것이다.-옮긴이].

그러나 음의 소득세가 지급되더라도 노동의 양은 약간 줄 뿐이라고 확신할 수는 없다. 먼저 실험 기간이 너무 짧았다는 게 문제다. 예를 들면 뉴저지 주에서는 실험 기간이 4년에 불과했다(1968-72). 게리에서는 2년에 그쳤다(1970-72). 아이오와 주와 노스캐롤라이나 주의 실험(1971-74), 캐나다 매니토바에서 진행된 연구(1975-78)도 3년에 그쳤다. 이러한 조건에서 피실험자들이 일을 완전히 그만두기란 쉽지 않았을 것이다. 몇 달 후면 음의 소득세를 받지 못한다는 사실을 알고 있었기 때문이다. 따라서 기본소득이 평생 지급된다면, 기본소득이 실제 노동시장에 미칠 영향력은 실험 결과보다 더 클 것이다.

물론 한 실험은 예외였다. 덴버와 시애틀에서는 실험 기간이 다른 지역보다 더 길었다. 우선 6년간 실험을 했다. 그리고 나서 일부 집단은 20년을 더 실험하려 했지만 9년이 지난 이후인 1980년도에 결국 끝낸다. 그런데도 일부 피실험자들은 이 제도가 20년간 지속되리라 끝까지 믿었다. 그러므로 이들에게서 나온 실험 결과가 기본소득이 실시될 경우의 결과와 가장 근접하다고 할 수 있다.

여기에 그보다 기간은 짧았지만 다른 실험 결과도 참고할 수 있을 것이다. 당시 뉴저지 실험을 진행했고 현재 미국의 최저소득 보장을 옹호하는 단체 미국기본소득보장(US Basic Income Guarantee) 회원인 해롤드 왓츠(Harold Watts)가 강조하듯이, 실험에 참여한 이들 중 몇은 스탠퍼드 대학 수위나 청소부와 같은 안정적인 직업을 가지고 있었지만, 그 밖은 대부분 고용 상태가 불안정했기 때문에 자신들의 직업을 계속 유지해야 할 특별한 이유가 딱히 없었다.[47] 음의 소득세 지급에 노동 양이 준 데에는 이런 배경도 있는 것이다.

실험 기간뿐 아니라 실험 참여자 선정에도 문제가 있다. 연구자들이 선정해 그룹화한 피실험자들은 전혀 미국인의 표본 집단이 아니었다. 소득이 아주 낮은 이들만을 피실험자로 선택했고, 중간층 가구는 아주 드물게 포함되었다. 그러므로 실험 결과 실제로 알게 된 것은, 소득이 낮고 직업에 대한 애착이 낮아 노동 시간을 줄여도 잃을 것이 거의 없는 이들에게 음의 소득세가 어떤 영향을 미쳤는지에 관한 것이었다. 그런 점에서 미국 실험 결과는 확대 적용하기엔 한계가 있다.

## 상금 수령자 사례

미국 실험의 이런 문제를 보고, 2004년 루뱅가톨릭대 사회학자 악셀 마르크스(Axel Marx)와 한스 피터(Hans Peeter)는 기본소득 도입과 노동시간 간의 문제를 연구했다. 연구 대상자는 벨기에의 한 TV 쇼 게임에서 우승한 이들이다. 이 게임 우승자들은 로또에 당첨되었을 때처럼 한꺼번에 거액을 받는 것이 아니라 평생 동안 매달 일정액을 받는다. 기본소득과 비슷하다. 두 학자는 이 '새로운 소득'이 우승자들의 노동 양에 어떤 영향을 끼치는지 연구하기 시작했다.

실험 대상 84명 중 66명은 우승하기 전에 이미 직업이 있었다. 이 중 우승한 후에도 일을 계속하고 있다고 응답한 사람은 61명이었다. 일을 그만둔 5명 중 1명만 일을 그만둔 이유가 상금 때문이라고 답했다. 이 예를 보더라도 기본소득이 지급된다고 해서 일부 사람들이 우려하듯이 노동시장에서 노동자가 대거 이탈할 것으로는 보이지 않는다.

우승자들이 노동시간을 크게 줄이리라 예상할 수도 있다. 그러나 연구 결과는 놀라웠다. 일을 완전히 그만둔 5명을 제외한 61명 가운데 5명만 노동시간을 줄였고, 5명 중 4명만 상금이 생겨 노동시간을 줄인 것이라 응답했다. 이처럼 일과 연관이 없는 소득은 대부분 우승자의 노동 양에 별 영향을 미치지 않았다.

두 학자는 평생 월 소득을 얻게 되었으니 월급쟁이에서 자영업자가 되는 등 사회적 지위가 변하는 우승자들도 있으리라 예상했다. 그러나 어떤 우승자도 사업을 벌이지는 않았다. 실험 참여자들은 매달 받는 상금 덕에 경제적으로 더 안정되어 살기 편해졌다고 답하는 정도였다.

이 모든 실험 결과는 기본소득 지지자들의 주장을 뒷받침하는 명백한 근거다. 그러나 미국 실험을 보완하려던 악셀 마르크스와 한스 피터의 연구 방법에는 한계가 있었다. 우선 실험 참여자들이 표본 집단이 될 수 없고, 우승자들이 익명으로 보호받고 있어 설문지를 우편물로 받아 연구해야 했다.

이런 한계는 있었지만 연구 결과는 살펴볼 가치가 있다. 두 학자는 게임 우승자들과 기본소득 수령자들의 상황이 근본적으로 다르다고 말한다. 지급되는 돈이 같아도 그들을 둘러싼 경제환경이 같지 않다면 개인의 상황은 크게 달라진다는 것이다.

인플레이션도 상금과 기본소득에 동일한 영향을 끼치지는 않는다. 대부분 기본소득안을 보면, 인플레이션을 반영해 지급한다. 그래서 물가가 올랐다고 해서 수령자들의 구매력이 떨어지지는 않는다. 반면 상금 수령자들은 인플레이션이 어떻든 매달 정해진 금액만 받는다. 따라서 물가가 오르면 오른 만큼 장바구니에 담을 수 있는 것들이 줄어들게 마련이다. 이처럼 상금은 기본소득처럼 생계를 안정시키지는 못한다. 결국 상금 수령자들은 계속 직업을 가져야 할 필요성을 느낀다.

또 기본소득은 가정의 모든 구성원에게 지급되는 반면, 상금 수령액은 가정 내 한 사람에게만 지급될 가능성이 많다. 온 가족이 게임에서 우승할 가능성은 매우 적으니 말이다. 그러므로 상금이 각 가정의 재정 상태에 미치는 영향은 기본소득의 경우보다 더 약하다.

이 외에도 두 학자가 놓친 또 다른 근본적인 차이점이 있다. 기본소득 수령자 주변에는 여러 수령자가 함께 있다. 그러나 상금 우승자의 경우에는 자신밖에 없다. 그런데 자유 시간의 가치는 함께 나눌 수 있는 사람 수에 따라 증가하지 않는가. 주변의 모든 사람이 풀타임으로 일하는데 자신만 혼자 일을 그만두거나 노동시간을 줄이는 것은, 기본소득이 모두에게 지급되어 주위 모든 사람이 함께 일을 줄이는 경우보다 분명 구미가 덜 당긴다.

미국과 캐나다에서 행해진 여러 실험 결과와 게임 우승자들의 노동 양의 변화에 대한 연구를 보고 어떠한 결론을 이끌어 낼 수 있을까? 소득 수준이 높지 않은 가구들에 음의 소득세를 부과할 경우, 노동시간을 '약간' 줄인다는 사실을 확인했다. 이런 결과들을 근거로 기본소득이 수령자들의 노동 양에 거의 영향을 줄 수 없다고 단언하기는 물론 어렵다. 도출되는 모든 결과가 거의 영향을 주지 않는다고 시사하지만, 단언할 수는 없다.

그렇다면 다음과 같은 단순한 사실을 이끌어 내 보자. 북미 실험과 두 벨기에 학자의 실험 결과에서도 노동시장에서 노동자들이 대거 이탈하는 현상은 관찰되지 않았다. 기본소득을 도입하면 노동시장에서 노동자가 대거 이탈하리라는 가정 역시 확인되지 않았다. 그러므로 노동자들이 노동시장에서 대거 이탈하리라는 우려스러운 가정은 근거가 없어 보인다. 설사 근거가 있다 할지라도 다른 논거들로 이 모든 극단적인 비관론을 누그러뜨릴 수 있다.


## 덜 일하자!

증거는 나오지 않았지만, 기본소득이 근로 의욕을 크게 떨어뜨린다고 치자. 그런데 이것이 정말 문제인가? 노동 양이 감소해 경제활동이 둔해지는 것을 그 누구도 바라지는 않을 것이다. 그러나 다시 한번 생각해 보자. 노동 양의 감소, 이것이 정말 문제가 될 만한가?

기본소득이 노동시간을 단축시키고 노동시간 단축이 반드시 생산성을 떨어뜨리지는 않는다. 주당 '35시간' 근로 체제가 프랑스인들의 생산성 향상에 큰 영향을 끼쳤음을 기억하자.[48]

'근로 의욕 저하'에 대한 두려움을 덜어 줄 두 번째 주장도 할 수 있다. 기본소득은 노동시간을 줄일 수밖에 없고, 그로 인해 일자리가 창출된다. 기본소득의 행복한 수령자들이 노동시간을 줄이거나 일 이외의 활동에서 즐거움을 얻으려고 일을 그만두게 되어 노동시장에서 분리되는 것이라 생각할 수 있다. 이는 다시 말하면 우리 사회를 지난 30여 년 전부터 좀먹어 온 비자발적 실업을 노동시장 속으로 흡수하는 것이기도 하다. 누가 이에 대해 불평할 수 있겠는가? 일할 권리는 지켜져야 한다. 일하고자 하는 개인들이 좀 더 쉽게 일할 수 있게 되는 것은, 기본소득 덕에 일하기 싫은 사람들이 당당하게 그들의 일자리를 떠날 수 있기 때문이다. 철학자 콜루슈(Coluche)가 말했듯이 "일자리는 많이 없다. 그 일자리는 그걸 좋아하는 사람을 위해 남겨 둬야 한다."

여하튼 경제활동이 둔해진다는 점은 인정하자. 그런데 그게 왜 문제인가? 초기 경제학은 '생산성 상승이 언제나 사회를 더 행복하게 하는 것은 아니'[49]라는 사실을 알려 주었다. 1972년에 미국 경제학자 리차드 이스털린(Richard Easterlin)은 이미 이 역설에 대해 말한 바 있다.[50] 1945-70년 사이에 지속적으로 경제가 성장했는데도 행복지수는 올라가지 않았다. 생활수준의 향상이 반드시 행복지수를 높이지는 않는 것이다. 이처럼 부유한 사회가 생활수준이 낮은 사회보다 반드시 더 행복하다고는 말할 수 없다. 몇몇 국가를 비교만 해 봐도 알 수 있다. 이탈리아인들의 행복지수는 10점 만점에 6.3점이었다. GDP가 이탈리아의 절반에 불과한 슬로베니아, 헝가리와 점수가 같다. 더 놀라운 점은 이탈리아인들이 1인당 GDP가 훨씬 낮은 폴란드 사람들보다도 덜 행복하다는 사실이다(폴란드 행복지수 6.7점)! 이탈리아만 그런 것이 아니다. 1인당 GDP가 2만 유로밖에 되지 않는 키프로스 섬 사람들(7.9점)이 3만 유로가 넘는 프랑스 사람들(7.1점)보다 훨씬 더 행복하다.

그러므로 우리는 덜 가지고도 더 행복해질 수 있다. 오늘날과 같은 과잉 생산의 시대에 이 말은 더 합당해 보인다. 너무 많이 생산해서 경제활동을 덜하게 된다면 도리어 환영할 일이다! 생태적 관점에서만 봐도, 너무 많이 생산하고 소비하고 있다. 지난 2세기 만에 우리는 비축해 놓은 자원을 거의 다 써 버렸다. 화석에너지는 바닥을 드러내고 있고, 온실가스 양은 생물권이 흡수할 수 있는 한계를 넘어서 버렸다.

만일 우리가 실제로 소비와 일, 소비하기 위해 해야 하는 일의 고통도를 자유롭게 조정할 수 있다면 우리는 일을 덜할 것이다. 소비를 줄이는 한이 있더라도 훨씬 덜 일하려 할 것이다.

독일 사회학자 막스 베버는 《프로테스탄티즘의 윤리와 자본주의 정신》에서 다음과 같이 말했다. "인간은 '본성적'으로 돈을 더 많이 벌기를 원하진 않는다. 살던 방식 그대로 살고자 하며, 그렇게 살기 위해 필요한 만큼만 벌기를 원한다."[51] 베버는 이 책에서 19세기 초기 자본주의 회사에 고용된 노동자들의 행동을 근거로 제시한다. 당시 노동자들은 돈이 필요한 만큼만 일하고는 서둘러 작업장을 나가 고용주들을 황당하게 했다. 만일 고용주들이 노동자들이 더 일하게 하려고 임금을 더 주려 해도 노동자들은 마다했을 것이다. 자신들의 생활수준에 만족하면서! 이것은 "더 많이 벌려면 더 많이 일하라"는 말이 자본주의의 계략이었음을 증명하는 것이 아닌가!

2007년도에 실시된 여론조사 결과도 이러한 사실을 증명한다. 국제사회조사프로그램(International Social Survey Program)에 따르면,

프랑스인 2명 중 1명은 일하는 시간을 줄이고 싶다고 응답했다. 그리고 놀랍게도 돈을 더 벌기 위해 더 일하겠다고 말한 사람은 10명 중 1명 정도였다![52]

만일 기본소득이 도입돼 경제활동이 저하되었다면 이는 사회의 공공서비스 영역이 올바로 작동되고 있지 않다는 뜻이다. 경제활동 저하는 특히 가장 고되고, 존중받지 못하며, 박봉인 일자리에서 나타날 가능성이 많다. 만일 충분한 기본소득이 모든 시민에게 지급된다면, 그 누가 회사 건물에서 쓰레기를 치우거나 개인 집에서 가정부 역할을 하려 하겠는가?


## 쓰레기 치우는 일은 누가?

2012년 9월 말, 프랑스 일간지 〈리베라시옹〉은 파리 청소노동자들에 관한 짧은 기사를 실었다. 다른 도시에서와 마찬가지로 청소노동자들에 대한 폭력이나 몰상식한 행동들이 늘고 있다는 것이다. 한 노동자가 말했다. "제가 비질을 하고 있을 때 가끔 사람들이 저를 힐끗 쳐다봅니다. 그러고는 종잇조각을 바닥에 던지며 이렇게 말하죠. '자, 이거 주워 담아!' 그들이 저를 쓰레기 취급한다는 느낌을 지울 수가 없습니다."[53] 만일 선택의 여지가 있었다면 그는 아마도 이 직업을 택하지 않았을 것이다. 그러나 다행히 선택의 여지가 없어 '거리가 깨끗한 것 아닌가!' 그가 빗

자루를 놓으면 거리는 쓰레기로 넘쳐 날 것이다. 현실이 이러하니 그럼, 기본소득 따위는 잊어버리는 게 나을까?

누가 힘들고 위험한 일을 맡게 되는가? 바로 다른 선택의 여지가 없는 사람들이다. 기본소득의 장점 중 하나는 사회의 힘든 일을 어떻게 분배하고, 관리할 것인가라는 건강한 질문을 던지게 한다는 것이다. 우리는 진정 지금의 현실에 만족하는가?

어떤 이들은 이 골치 아픈 질문을 일소해 버리기 위해 이상적인 능력중심주의를 내세울 것이다. 능력중심사회에서는 누구든 성공할 수 있다, 성공 여부는 자신의 노력과 의지에 달렸을 뿐이라고 주장한다. 그러나 실제 사회 구조는 쓰레기 산 같은 피라미드형이다. 모든 사람이 하층민의 땟국물을 빼내고 맨 위로 올라갈 수는 없다. 청소 일이 업신여김을 당하지 않아야 하는데도, 어떤 이들은 실제로 손가락질을 당하고 있다. 다시 말해, 쓰레기를 치우는 사람들은 가치가 낮은 사람들이란 말이고, 이는 많은 의미를 담고 있다.

능력중심사회란 말은, 합리화할 수 없는 불평등을 정당화하기 위해 누군가가 교묘하게 꾸며 낸 환상에 불과하다. 승자만큼이나 패자를 뚜렷이 구별 짓는(우리는 패자를 쉽게 잊는 경향이 있다) 능력중심사회는 과연 이상적인가? 이상적인 사회는 평등을 지향하는 사회다. 그러나 그런 사회는 아직 존재하지 않았다.

고통스런 일자리에서 벗어나고픈 바람이 기본소득 도입을 가능하게 하고, 이 제도를 통해 사회의 부조리한 일 분배 문제를 해결할 수 있다. 만약 어떤 일이 고통스러운 면과 재미있고 보람을 느낄 만한 면을 함께 갖고 있다면, 고통은 좀 더 참을 만할 것이다.

또한 힘든 일에는 경제적인 보상을 더 해 줄 필요가 있다. 사회는 힘들고 고된 일자리를 더 많이 만들어 내는 것이 아니라 그러한 일자리를 가능한 한 많이 줄이는 데 목적을 둔다. 그러므로 힘들고 고된 일자리를 줄이려 한다면 먼저 그 일자리를 줄이는 데 걸림돌이 되는 정책에 마침표를 찍어야 한다. 청소노동자들을 예로 들어 보자. 만일 기본소득을 도입한 이후, 이 분야의 취업자가 크게 줄었다면 좀 더 쉽게 청소 일을 할 수 있게 거리에 쓰레기를 덜 버리도록 하는 정책을 마련해야 할 것이다. 시민들에게 더욱 책임감을 지우면서 쓰레기를 치울 다른 방법도 모색해 봐야 한다. 누구나 맡기 싫어하는 일을 다 분담하도록 하는 제도를 실시하는 것은 어떨까? 즉 사회 시스템 자체를 바꿀 필요가 있고, 그 결과는 나쁘지 않을 것이다.

설령 고된 일들이 방치되어 있다고 해도 이 일들이 인력 부족으로 사라지는 일은 없을 것이다. 어쩔 수 없이 필요한 것이라 판단되면 우리는 의심할 여지없이 그러한 일을 맡아 줄 새로운 지원자에게 더 높은 보수를 약속하게 될 것이다. 아마도 우리는 그런 일들을 맡은 사람들이 없어서는 안 될 존재임을 깨닫고 더 높이 평가하게 될 것이고, 더는 "자, 이거 주워 담아!"라고 말하지 못할 것이다.

최악의 시나리오를 한 번 더 써 보자. 가까운 미래에 혁신적이고 진보적인 정부가 기본소득을 도입해 가난과 불평등과 실업을 영원히 뿌리 뽑는다. 그런데 기쁨도 잠시, 경제위기가 갈수록 심각해진다. 모든 노동 인구가 일하기를 그만두어 경제는 고사 직전이다. 그러나 이런 시나리오는 실현이 불가능하다. 어떤 정부도 벼랑 끝으로 가는 경제 상황을 좌시할 만큼 대담하지는 않다. 무엇보다 기본소득이 경제활동을 크게 줄이거나 아예 중단시켜 버리는 것은 불가능하다. 만일 기본소득 재원이 경제활동에 따른 직접소득세라면, 모든 경제활동의 저하는 즉각 세수에 반영되고, 마침내 기본소득 금액에도 반영될 것이다. 기본소득 금액이 적어질수록 일할 필요성은 높아지고, 결국 전체의 필요에 부응하기 위해 각자 제 몫을 다하기를 요구받으면서 소득과 근로 의욕이 균형점을 찾게 될 것이다. 그러므로 우리는 이제 새로운 슬로건을 내걸어야 한다. 바로 "덜 일하기 위해 모두 일하라!"이다.

상상력을 밀어붙여 보자. 그런데도 기본소득이 근로 의욕을 크게 떨어뜨릴 것이라고 가정해 보자. 기본소득이 지급되어 그럭저럭 생활을 이어 나갈 만큼의 돈이 주머니에서 만져진다고 사람들이 바로 일을 그만둘까? 물론 그럴 수도 있다. 그러나 기본소득으로만 살려면 분명 매우 절약하면서 살아야 한다. 기본소득만으로 살 경우 삶은 아주 크게 변할 것이 분명하다. 이렇게 보면 근로 의욕 저하는 노동시간의 감소에서 나오는 결과이기도 하고, 소비 욕구의 저하에서 기인하는 것이기도 하다.

소비 욕구 저하는 노동시간 감소보다는 덜 심각한 문제다. 급작스럽게 절약하며 사는 것에 잘 적응할 사람들도 있겠지만, 대부분은 이른바 '멘붕('멘탈 붕괴'의 줄임말. 당혹스럽거나 창피한 일을 당했을 때 멍한 표정을 짓거나 정신이 나간 듯한 행동을 할 때 쓰이는 신조어)' 상태에 빠뜨리는 여러 가지 실제적인 문제에 부딪힐 가능성이 많다. 상환해야 할 대출금, 매달 내야 하는 집세…. 익숙해진 생활 패턴을 급작스레 바꾸기는 쉽지 않다. 설령 근로 의욕 저하 현상이 생기더라도 그 속도는 느릴 것이며, 사회가 그에 맞춰 자연히 적응하도록 시간을 두고 기다릴 일이다.[54]

요약해 보자. 정책 입안자들은 노동시장에서 노동자들이 대거 이탈할 것이 두려워 북미에서 1970, 80년대에 이루어진 실험들에서 어떤 확실한 결과도 도출해 내지 못했다. 하지만 모든 실험은 긍정적인 결과를 보여 주었고, 그것은 최근의 연구로 인해 다시 한 번 확인되었다.

물론 근로 의욕 저하를 반드시 문제 있는 것으로 보기는 어렵다. 근로 의욕 저하로 인해 비자발적 실업을 흡수할 수 있고, 과잉 생산과 과잉 소비를 줄이는 동시에 보람 없고 보수가 낮은 일을 사회 내 다른 구성원들과 나누거나 그 일의 가치를 재조명, 재평가할 기회도 생기기 때문이다. 또한 고된 일의 부당한 부분을 시정할 계기도 된다.

그러므로 실제로 일을 덜하는 현상이 일어난다면, 그것은 단기간에 일어나는 불가피한 현상일 것이다. 사회에 충분한 시간을 주어 노동 감소라는 변화에 연착륙하게 해야 한다. 이러한 변화는 기본소득이 지향하는 바다. 기본소득이라는 획기적인 제도는 개인과 일의 관계가 변하는 것을 목표로 하며, 우리를 일과 소비에서 분리시킨다. 또한 우리 인생에서 일의 자리를 줄여 더 많은 자유를 안겨 주려 한다. 만일 누군가가 더는 일하기를 원하지 않는다면, 잘됐다. 비로소 우리는 돈 버느라 인생을 소진하는 짓을 그만두게 되지 않을까.

# 재원 마련, 문제없다!

기본소득의 재원 마련이 불가능하다고? 오, 아무 문제없다! 세계 경제 대국 5위를 기록하고 있는 프랑스의 1인당 GDP는 3만 5000유로에 가깝다. 거주자들에게 빈곤선 정도의 생활수준을 보장하는 것이 불가능하다는 건 상상조차 할 수 없다.

## 여러 방법

그러나 기본소득 재원 마련이 어렵지 않다는 것이 재원 마련 방안에 의문점을 전혀 제기할 필요가 없다는 말은 아니다. 사실 기본소득 지지자들 사이에서 재원 마련 방안은 오래된 토론 주제다. 그렇다고 지금까지 나온 모든 방안을 나열하는 것은 별 의미가 없어 보인다. 기본소득의 재원 마련을 두고 토론할 때 재원 마련이 가능한지 아닌지가 주제는 아니다. 여러 방안[55] 가운데 하나를 선택해야 하는 게 문제다. 선택의 곤란함은 있게 마련이다. 그중 몇 안을 살펴보자.


## 자체 마련 방법

가장 이견이 없는 재원 마련 방법은 기존 예산을 재분배해 마련하는 것이다(세수를 늘려 새로 예산을 편성하지 않고 유사한 예산들을 끌어모아 지급하는 것을 말한다.-옮긴이). 이 방안부터 논의해 보자. 모든 기본소득 지지자는 적어도 한 가지 사항에는 동의한다. 기본소득 재원은 부분적으로 자체 마련이 가능하다는 점이다. 그 경우 재원 마련은 직접적 자체 마련과 간접적 자체 마련으로 나뉜다.

직접적 방법은 기본소득이 오늘날 이미 지급되고 있다는 사실에서 출발한다. 다만 모두에게 지급되는 것이 아니라 선별적으로 지급되고 조건이 붙는 경우가 많다. 하지만 어쨌든 존재는 한다. 기본소득은 두 가지 특징을 갖고 있다. 각 개인이 충분한 생활수준을 유지할 수 있도록 보장하는 보편적 사회보장제도이자, 모든 이가 사회적 부의 증대에 기여할 수 있도록 장려하는 보편적 보조금이라는 점이다.

오늘날 이 두 가지 특징을 충족하기 위해 여러 사회복지제도가 시도되고 있지만, 효과는 신통치 않다. 많은 사회 서비스가 사회안전망 역할을 하면서 가난으로부터 수령자들을 보호하고

자 한다. 그러나 이 안전망은 가난으로부터 보호하기엔 성글다. 그래서 가난한 사람들은 너무도 쉽게 곤경의 수렁으로 빠지고 불행에 휘말려 들어간다.

한편 우리는 사회보조금을 악용해 먹는 이들에 대해서도 알고 있다. 예를 들어 프랑스에서는 봉사활동가들에게도 사회보조금을 지급하는데, 이들이 생계 문제 때문에 봉사활동을 그만두지 않게 하기 위해서다. 그러나 본말이 전도돼 보조금을 받기 위해 봉사하는 일이 발생하게 된다.

기본소득은 이러한 폐해를 없앨 대안이 될 수 있다. 물론 모든 사회복지제도에 대한 대안이 된다는 말은 아니다!

사회복지제도에는 보험 제도에 기반을 둔 기여적 서비스(불입한 기간만큼 소득이나 사회 서비스를 받을 권리를 가진다)와 국가적 연대 제도에 기반을 둔 비기여적 서비스가 있다(불입 기간이 없다).

기본소득은 보험 제도를 대체할 수 없다. 보험은 가난으로부터 개인을 보호하는 것이 아니라 이전의 소득을 보장해 일정 수준의 삶을 유지하도록 하는 제도이기 때문이다. 퇴직연금이나 실업수당이 그 예다.

그러나 기본소득은 비기여적 성격의 일부 서비스를 대체할 수 있다. '모든'이 아닌 '일부' 비기여적 서비스! 기본소득이 완벽히 그리고 훌륭하게 대체할 수 있는 서비스만이 폐지될 것이다. '훌륭하게'란 뜻은 기본소득 금액이 폐지될 서비스 금액과 적어도 비슷한 수준은 되어야 한다는 의미다. '완벽히'란 기본소득 목적이 대체할 서비스의 목적과도 일치해야 함을 뜻한다(가난으로부터 개인 보호하기). 그러므로 보편적인 의료보험을 없애거나 장애인수당을 없애는 것은 말이 안 된다

이러한 직접적인 방법 말고 간접적인 방법도 있다. 기본소득을 도입하면 일정 정도 지출을 줄일 수 있다. 예를 들면 사회복지제도를 실시하면서 발생되는 운영비 말이다. 다시 말하면 비기여성의, 선별적이고 조건이 있는 사회복지제도를 무조건적이고 보편적인 기본소득이라는 하나의 제도로 묶음으로써 수령 대상자를 사전 심사하고 사후 감시하는 데 드는 행정 비용과 통제 비용을 크게 줄일 수 있다.

이러한 경제적인 장점 외에도 기본소득이 도입되면 사람을 구하기 어려운, 힘들고 고된 일자리에 사람들을 유인하기 위해 안간힘을 쓰는 갖은 정책이 상당 부분 폐기되는 수확도 거둘 수 있다. 기본소득이 도입되면 그러한 정책은 효력을 잃고, 또한 구시대적인 정책이 될 것이기 때문이다. 실업을 사회, 경제적 문제로 보는 시각에도 이의를 제기하게 될 것이다.

직접적이건 간접적이건 이 방법들로는 기본소득에 필요한 예산을 백 퍼센트 마련하기 어렵다. 그러므로 보완할 수 있는 재원을 찾아야 한다. 특히 이에 대해 여러 안이 제시되었다.

## 화폐 발행

예를 들어 기본소득의 일부 지지자들은 화폐를 발행해 재원을 충당하자고 주장한다. 욜랑 브레송은 생존소득을 위해 화폐를 발행하거나 시중은행에서 화폐를 대규모로 차입해 충당하겠다고 밝혔다(이는 시중은행이 정부에 돈을 빌려 준 대가로 받는, 영속적으로 발생할 수 있는 이자수익을 인정했다는 뜻이기도 하다). 이러한 재원 마련 방식은 소득을 재분배할 필요가 없다는 것이 장점이다. 추가로 세금을 거둬들일 필요가 없다. 돈을 찍어 내기만 하면 된다. 그 비용은 매우 높겠지만 누구도 이것을 갚아야 할 필요성은 느끼지 못한다.

그러나 소득을 재분배할 필요가 없다는 것은 단점이기도 하다! 기본소득을 그저 단순히 빈곤을 타파하기 위한 수단으로 생각할 수 있어서다. 그러나 기본소득은 사회, 경제적 불평등을 뿌리 뽑기 위한 시발점이 될 수도 있다. 기본소득은 완전한 평등주의에 기반을 둔, 모든 이를 위한 소득이다. 철저한 평등주의적 논리에 근거해 슈퍼부자로부터 극빈자에게로 돈이 흘러가게 함으로써 강력한 소득 재분배 효과를 이끌어 내야 할 것이다. 그렇지 않으면 우리는 돈을 찍어 내면서도, 일부 누군가는 눈을 질끈 감고 싶은 문제일지 모르겠지만, 사회적으로 봤을 때 너무나 중요한 소득 재분배 문제를 교묘하게 피해 가게 될 것이다.

소득 재분배와 연관되는 것은 과세다. 여러 세금 가운데 어떤 세금을 부과해야 할지 선택의 문제도 남아 있다.

## 토빈세, 탄소세, 초고소득자 과세

우리는 우선 특정 부류만 과세 대상으로 삼는 표적 세금제를 선택할 수 있다. 금융 거래에 부과되는 토빈세(단기성 외환 거래에 부과되는 세금-옮긴이), 환경을 대상으로 하는 탄소세(이산화탄소 같은 온실가스 방출 시에 부과되는 세금-옮긴이), 부의 불평등을 완화할 목적으로 초고소득자들에게서만 예산의 100퍼센트를 징수하는 제도 등 여러 경우를 생각해 볼 수 있다. 반생산주의를 지향하는 좌파들의 사회 변혁안에서 이 제도들을 어렵지 않게 찾아볼 수 있다.

기본소득 재원을 세수를 통해 마련하려 한다면, 먼저 세금의 기능을 살펴보는 것이 좋겠다. 세금은 납세자가 한 정치공동체에 속해 있다는 것을 보여 주는 상징적인 기능 이외에도 공공 활동에 대한 재정 지원, 소득 재분배, 유인 및 억제 기능(예를 들면 사치품이나 부동산에 특별소비세를 붙여 사치나 투기를 억제하는 것이다.-옮긴이)을 가지고 있다. 이 중 토빈세, 탄소세 그리고 초고소득자들에게 부과되는 세금은 억제 기능에 해당된다. 금전적 불이익을 주어 일정한 행동을 못하도록 막는 것이다. 만일 억제 기능과 소득 재분배, 이 두 기능이 양립 불가능한 세금이라면 기본소득의 재원으로는 적당하지 않다.

특정 부류만 과세 대상으로 삼는 표적 세금제를 통해 투기를 없앨 수 있고, 경제활동으로 인해 발생하는 환경 파괴를 줄일 수 있으며, 과도하다고 판단되는 보상에 종지부를 찍을 수 있다. 그런데 만일 투기가 사라진다면, 소비자들이 갑작스레 환경을 걱정하거나 거액의 월급을 덜 욕망하게 된다면, 기본소득의 재원 기반이 무너져 버리는 것이다! 그렇기에 우리는 비밀스레 투기꾼, 유명 축구선수, 돈 많은 사업가들의 끝없는 탐욕을 바랄 수밖에 없는 역설적 상황에 놓이게 된다. 그러므로 없어지기를 바라는 행위에 세금을 부과해 재원을 지속적으로 충당하려는 발상과 이러한 방법을 지지하는 것은 위험하다.


부가가치세

기본소득의 지속 가능한 재원 마련을 위해서는 우선 지속 가능한 세수에 기반을 두어야 한다. 프랑스 제1의 세수는 부가가치세다. 부가가치세를 통한 재원 마련은 특히 다큐멘터리 〈기본소득〉을 만든 제작자들이 지지하는 안이기도 하다. 그러나 이 방법은 세 가지 의문을 품게 한다.

첫 번째는 조세 정의에 맞느냐이다. 부가가치세는 소득 중 소비분에만 붙는다(투자, 저축에는 붙지 않는다.-옮긴이). 부가가치세는 비례세로 부자건 가난한 사람이건 같은 물건을 샀다면 동일한 액수의 세금을 낸다. 그러므로 조세 정의가 실현된 세금이라고 볼 수 없다. 초고소득자들은 소득 수준이 아주 높아 매달 번 돈을 다 쓰기 어렵다. 그래서 재테크하는 데 쓰거나 저축하기도 한다. 반면 저소득층일수록 소비에 쓰는 돈의 비율이 높다. 심지어 버는 것보다 쓰는 돈이 더 많기도 하다. 그러므로 생필품에는 부가

가치세를 낮게 매기고 부자들이 소비하는 사치품에 부가가치세를 높게 매기면 조세 정의가 다소 구현될 수 있다.

소득 재분배 관점에서 보면, 누진세가 비례세보다 더 바람직할 수 있다. 부가가치세를 통한 재원 마련은 사회 정의에는 맞지 않다고 볼 수도 있다. 그러나 차등을 해서 매긴 부가가치세로 재원을 마련해 기본소득을 지급하고 소비에 비례해 세금을 부과하는 것은 사실상 누진세 제도를 도입하는 것과 다름없다.

기술적인 측면에서도 의문이 든다. 기본소득은 개인에게 충분한 생활수준을 보장해 주어야 한다. 그렇기에 타인에게 양도하거나 세금이 부과되어서는 안 된다(예를 들어 수령한 기본소득이 150만 원이라면 이 돈은 세금을 뗀 후 금액이어야지 이 돈에 여러 세금을 붙이면 안 된다는 말이다. 그렇게 되면 액수가 적어져 수령자는 또다시 다른 일자리를 찾으려 할 것이다.-옮긴이). 그러나 만일 소비에 붙는 세금으로 재원이 충당된다면, 소비를 하자마자 세금이 붙게 될 것이다. 그러면 기본소득 액수는 불충분해진다. 그러므로 과세율을 고려하려면 기본소득 최종 수령 금액을 올리는 것이 바람직하다. 그렇게 하려면 더 높은 재원 마련을 위해 또다시 과세율을 올려야만 한다.

물론 우리는 어렵지 않게 기본소득 금액과 과세율의 균형점을 찾을 수 있을 것이다. 그러나 이러한 과정은 비생산적으로 보인다.

마지막 세 번째 질문은 좀 더 결정적이고 상징적이다. 기본소득 재원 마련을 위해 시장경제 영역을 확장하고, 소비자들의 구매 욕구에 다시 불을 붙이게 되는 것은 아닐까? 우리가 견지하고 있는 반성장의 시각에서 보면 그러한 신호는 심지어 파괴적이기까지 하다.


### 소득세

이제 소득세로 넘어가 보자. 아니, 모든 소득(부)에 부과되는 세금이라고 말하자. 왜냐하면 모든 소득이(기본소득을 제외한) 과세 대상이 될 수 있기 때문이다. 근로소득뿐만 아니라 자본소득, 재산에도 과세할 수 있다. 회사에 부과하듯이 개인에게도 부과한다.

소득세에 관한 첫 번째 의문은 어떤 소득에 과세를 해야 하는가이다. 경제학자 베르나르 프리오는 회사가 창출해 낸 이윤을 즉각 징수하자고 주장한다. 그 경우 회사는 직원 급여에 대한 세금 부담금을 높여 결국 고용 억제 현상이 나타날 수 있다(회사에서 세금을 징수하는 방법에는 여러 가지가 있는데 그중 대표적인 것이 직원 급여에 대한 기업의 세금 부담금을 높이는 것이다. 그러면 회사는 직원 고용을 부담스러워 하게 된다.-옮긴이). 프리오는 기업이 직원에게 주는 급여를 아예 없애 버리고, 기업에서 징수한 세금으로 국가가 개인에게 평생월급을 지급해야 한다고 주장한다. 이러한 시각이라면, 기업의 세금 부담금을 높이는 게 적합할지 모른다. 그러나 이는 기본소득을 제1의 수입으로 하고 급여를 제2의 소득(보조적 소득)으로 하려는 기본소득의 본래 취지와 달라 도입하기 어려울 듯하다.

회사가 직원에 대해 부담하는 세금분을 변경하지 않기 위해 우리는 기업의 이윤에 과세를 하는 것으로 만족해야 할 것이다. 하지만 여기서 다시 생각할 것은 세금이 오르면 기업이 투자를 하지 않으리라는 점이다. 그러므로 결국 기업에서 세금을 더 걷는 것은 제한하고, 개인의 재산뿐만 아니라 개인의 소득에 과세를 하는 등 개인에게서 세금을 더 걷어 세수를 보완하는 것이 바람직하다.

다음은 과세의 누진성에 관해 논의해 보자. 경제학자 마르크 드 바스퀴아(Marc de Basquiat)와 청년 기업인 센터(Centre des Jeunes Dirigeants d'entreprise)는 예를 들면 재산에 대한 과세율로 1퍼센트를 제안한다.[56] 재분배를 생각한다면 누진세가 훨씬 바람직하지만, 여기서는 비례세를 제안했다.

그러나 소득세(근로소득이건 자산소득이건)의 경우는 문제가 더 복잡하다. 사실상 세금을 걷어 기본소득 재원을 충분히 마련한다는 것은 과세율을 비교적 높게 적용한다는 것을 의미하기 때문이다. 경험적으로 볼 때, 납세자들이 세금을 낸다는 것에 동의한다 치더라도, 실제 적용하기는 어려울 수 있다. 아마도 '그나마 진통이 덜한' 원천 징수를 하는 것이 '그나마 진통이 덜할' 것이다.

문제는 원천소득에 누진세를 적용하기가 어렵다는 사실이다. 과세율을 정하려면 납세자들의 소득 전체를 알아야 하는데 그게 쉽지 않기 때문이다.

누진세를 적용하더라도 안타깝게도 누진성은 체감(遞減)한다. 다시 말하면, 만일 과세 대상의 소득이 올라가고 그에 따라 과세율도 올라가면 과세율이 거의 정점에 가까워질수록 과세율 상승 속도는 낮아진다(누진성의 원리). 따라서 이러한 시스템은 초고소득자들에게 유리하다. 결국 고소득자가 누릴 수 있는 (누진)세제에 대한 이익이 더 높아지는 것이다. 따라서 원천 징수에 비례세를 적용하고 원천 징수 이후의 소득분에 대해 누진성과 조세 정의를 강화한 세제를 적용할 필요가 있겠다.

## 기본소득은 '비용'이 아니다

지금까지 기본소득 재원을 마련할 방법이 없지 않다는 사실을 보았다. 기본소득 지급을 위해 세금을 더 올릴 경우 대부분 가정에 큰 보상으로 돌아온다는 점을 잊지 말자. 어떤 재원 마련 방법을 선택하느냐에 따라 사회 변화와 소득 재분배 수준이 결정된다는 점도 유의하자.

어떤 것이 적합할지 모르겠다. 솔직히 나는 재원 마련 문제를 지나치게 심각하게 생각하지는 않는다. 그래서 이 책에서 어떤 예상액도, 어떤 과세율도 참조하지 않았다. 왜냐하면 재원 마련 문제는 단순히 수치의 문제가 아니기 때문이다. 경제나 회계 문제가 아니라 무엇보다 정책의 문제이기 때문이다.

만일 우리가 어느 날 기본소득을 도입하기로 결정한다면(언젠가는 도입되리라 믿어 의심치 않는다), 재원은 어딘가에서 찾을 수 있을 것이다. 다시 한 번 말하건대, 프랑스는 지나치게 풍요로운 나라다.

결국 우리는 기본소득 비용을 너무나 걱정해서 기본소득의 사회적 영향력을 잊고 만다. 더욱이 '비용'이라는 용어는 잘못 선택된 단어다. 완전히 어폐가 있는 말이다. 비용이라는 단어를 씀으로써 사회보장제도를 매우 협소한 회계적 틀 안으로 뭉뚱그려 한정해 버린다. 기본소득에 대한 논의 역시 비슷하게 에둘러 버린다. 보조금은 공동체에 '비용'을 물리지 않는다. 왜냐하면 보조금은 공동체에 훨씬 더 많은 이익을 가져다주기 때문이다. 다시 말해 사라지는 소비가 아니고 투자이다. 보편적 보조금, 기본소득은 높은 비용을 대변하는 것이 아니고 실제로는 투자다. 그렇다, 합리적인 투자! 그 투자를 해서 우리 사회는 틀림없이 더욱 윤택해지고, 진정한 사회 변화를 꾀할 수 있을 것이다.

# 괜한 걱정들

기본소득을 한 국가에 도입하게 되면, 세상의 모든 가난한 사람과 형편이 넉넉지 않은 자들이 이 후한 제도에서 이익을 보려고 모두 국경을 넘어와 달려들까? 기본소득으로 이익을 얻을 사람들은? 외국인들?!

익숙하지 않겠지만 일단 자기기만적 논리에 근거해 시작해 보자. 시민소득은 도미니크 드 빌팽 당시 장관이 권고한 바대로, 국적을 조건으로 도입되었다고 치자. 그렇다고 해서 왜 우리는 갑작스런 이민의 증가를 걱정해야 하는가? 국적이 기본소득을 받을 수 있는 조건이라면, 프랑스 땅에 입국하는 것만으로 이민자들은 이 제도를 누릴 수 없을 것이다. 기본소득을 이용하기 위해 이민자가 급증하지 않으리라는 말이다.

그러나 이미 말했듯 이 주장은 자기기만적이다. 왜냐하면 기본소득 정의 자체가 '모든 이에게 조건 없이 주는 것'이기 때문이다. 그렇게 때문에 받을 수 있는 권리를 자국민으로 한정하는 이 편협함은 받아들일 수 없고, 옹호할 수도 없다. 적어도 합법적인 거주민 전체로 수령 대상 범위를 넓혀야 한다. 그것이 더 큰 문제를 낳을까 봐 걱정되는가?

프랑스 사회는 이미 합법적으로 거주하는 외국인에게까지 사회 서비스를 보장하고 있다. 그렇다고 이민자들이 그러한 혜택을 바라고 국경을 넘지는 않는다. 서둘러 프랑스로 들어오려 한다면 이는 노동시장에 진입하기 위함이며, 유럽 드림을 직접 손안에서 만져 보길 바라서이다.

우리는 기본소득이 이민자를 대거 유입시킬까 봐 걱정한다. 이것은 최저통합수당이 이민자 유입에 미친 영향력을 보면 짐작할 수 있다. 최저통합수당은 이민 증가에 거의 영향력을 미치지 못했다. 1988년부터 2004년도까지 모든 합법적 지위를 가진 거주민들에게 제공되었지만, 이 푼돈을 받아 내겠다는 단 하나의 목적으로 가족수당 창구에 몰려드는 이민자 무리는 보이지 않았다.

어떤 것이든 간에 우리가 생각하는 '위험'이란 것은 이민정책을 조절하거나 체류증을 까다롭게 발급함으로써 쉽게 통제할 수 있다. 다시 말하면, 현재의 이민정책을 유지하면 두려워할 것이 전혀 없다.

그러나 이 주장은 또다시 자기기만적이다. 왜냐하면 프랑스 땅에 더 쉽게 입국할 수 있게 하고, 체류증을 더 많이 발급함으로써 더 개방적인 이민정책을 기대할 권리가 우리에게는 있기 때문이다. 왜 국경을 개방하지 않는가? 원칙적으로, 합법적 지위를 가진 거주자만이 들어올 수 있기 때문이다!


## 이민자들이 몰려올 거라고?

'파스쿠아 법(loi Pasqua, 1993년 8월 24일 공포된 프랑스 이민법. 체류증 발급을 까다롭게 하고, 사회보장제도 혜택도 축소했다.-옮긴이)' 이전에는 모든 거주민이 대부분 사회보장제도를 누릴 수 있었다. 합법적 거주자건 아니건 상관없었다. 프랑스 땅에 살았던 모든 사람이 사회 서비스와 의료보험 혜택을 받을 수 있었다(기본소득도 그렇게 될 수 있으리라 생각한다!). 파스쿠아 법이 채택된 것은 그 법이 필요했기 때문이었을 것이다. 너무 많은 거주자가 프랑스의 사회보장제도를 악용하려고 했다는, 널리 퍼져 있는 통념과는 달리 사회보장제도는 이민자들이 프랑스로 오는 유일한 혹은 주요한 동기가 아니다. 이민자 정보지원센터 법학자인 비올랜 카레르는 이렇게 말했다. "외국인들은 여러 가지 동기로 프랑스에 올 수 있다(전쟁이 일어나서, 독재국가여서, 친인척·적대파가 위협해서, 학업을 잇기 위해, 학력에 맞는 일자리를 찾기 위해서 등). 그런데 이 중 단 한 가지 이유로 이민을 오는 경우는 드물다."[57]

사실상 사회보장제도의 격차는 이민 물결을 설명하지 못한다. 셍겐 조약[유럽연합(EU) 회원들 간에 체결된 국경 개방 조약-옮긴이]으로 비교적 이동이 자유로운 지역에서조차 이점이 더 많은 사회보장 제도의 혜택을 보려고 개인이 이동한다는 것을 충분히 증명하지 못한다. 물론 우리는 가끔 유럽연합에서 온 이민자들이 자신들의 고국에서는 생각도 못할 사회최저급부제도 덕분에 도르도뉴의 태양 아래에서 즐거운 바캉스 시간을 보냈다는 말을 듣기도 한다.[58] 그러나 이는 예외적인 경우다.

　미국의 경우에는 더 흥미롭다. 왜냐하면 50개 주 가운데 한 주가 기본소득을 도입했기 때문이다! 1982년부터 실시한 바로 알래스카이다. 알래스카에서는 시민들에게 영구기금을 지급했는데 재원은 석유 자원이었다. 그런데도 알래스카에 이주자들이 대거 유입된 것은 확인되지 않았다. 영구기금은 매년 한 번씩 지급되고, 사실상 얼마 안 되는 소득이었다. 2000년대 초반부터 알래스카에 사는 모든 사람에게 연간 평균 1500달러씩 지급되었고, 2008년도에는 3200달러가 지급되었다.

　기본소득이 이민 유입에 미치는 영향을 알기 위해 굳이 알래스카까지 갈 필요는 없다. 프랑스의 두 가지 제도가 생각할 거리를 주기 때문이다. 1970년대에 브장송 시는 일종의 기본소득을 도입했다(개인의 소득 수준이라는 조건이 붙기는 했지만, 대가를 요구하지는 않았다). 최저통합수당이 전국적으로 도입되지 않았을 때였는데, 사회최저소득을 도입해 가난과 소외를 뿌리 뽑고자 했다.[59] 신기하게도 1975년(사회최저소득 시행 시기)에서 88년(전국적으로 최저통합수당을 시행하던 시기) 사이에 시의 인구는 눈에 띄게 증가하지 않았고,

원조를 받는 가구도 크게 늘지 않았다.[60]

다른 제도는 국가의료지원(Aide médicale d'État) 제도다. 이 제도는 2000년에 만들어졌는데 불법 체류자 신분의 외국인들에게 제공되는 의료보험이다. 일부 우파는 이 제도[61] 탓에 '외국인에 의한 의료보험 악용' 사례가 증가할 거라며 우려했지만, 그런 폐해는 나타나지 않는다. 2010년 11월에 발간된 복지 일반 조사 보고서와 재무 일반 조사 보고서에는 국가의료지원과 연관된 "지출의 변화는 수령자 수의 급격한 증가와 연관성이 없다."고 쓰여 있다.[62]

결국 이민자 유입과 사회보장제도의 관계는 긴밀하지 않다. 사실상 비올랜 카레르가 말하듯 "이민국 선택에는 상당한 변수가 작용한다. 외국인들이 자신들이 사는 작은 마을이나 대도시 주변에서 지도를 펴 놓고 여행 가이드북을 보면서 마치 충동구매를 하듯이 이민국을 결정한다는 것은 거의 환상에 가깝다. 이민자들의 실제 여정은 훨씬 복잡하기 때문이다."[63]


**차라리 전 세계적 기본소득을!**


기본소득 도입이 이민자를 대거 유입시킨다고 치자. 이것이 정말 문제일까? 솔직해지자. 이민이 문제라면, 가장 큰 문제는 다름 아닌 이민자 자신이다. 이민국으로 들어오기 전에 그들은 이미 출국자 신분이다. 이민은 자발적인 선택이라기보다 삶의 터전이 뿌리 뽑혀 내린 어쩔 수 없는 결정인 경우가 많다. 이래도 이민이 문제인가? 그럴 수도 있다. 개인들이 너무나도 비참한 생활을 하며 평생 모은 전 재산을 쏟아 붓고, 노예선에 올라타 목숨을 건 항해를 시작한다. 상상 속의 엘도라도에 도착하는 부푼 꿈을 안고서. 이것이야말로 진짜 문제다. (그런 곳은 없으니까 말이다!)

이민자들만 고통을 겪진 않는다. 우리도 겪는다. 경제적인 문제가 두 배로 심각해지고, 정신적인 딜레마도 겪는다(프랑스를 대표하는 이념이 자유, 평등, 박애다. 박애의 정신에 근거해 이성적, 대외적으로는 이민자들을 받아들이는 데 호의적이어야 한다고 생각하지만, 실제로는 일자리·치안 등의 문제로 곤혹스러워 한다는 뜻이다.-옮긴이). 이런 문제를 해결할 방법은 캐나다 경제학자 마이론 프랑크만(Myron Frankman)[64]이 제안한 대로 기본소득을 전 세계적으로 시행하는 것이다.

기본소득은 부를 전 세계적으로 재분배할 수 있는 도구다. 저마다 필수 재화와 서비스를 쓰고 누릴 수 있게 보장하고, 더는 그 누구도 비참한 상황에서 어려움을 겪지 않도록 이끌어 내 주는 것이 목표다. 국제적 연대와, 수령자에게 혜택이 돌아가는 개발 원조에 기초를 두고, 부패한 지도자들의 은닉 재산을 몰수하고, 선진국의 기업들로부터 지원을 받아 기본소득의 재원을 마련해야 할 것이다. 프랑크만이 제안한 전 세계적 기본소득 시행 계획은 그 실현성을 충분히 평가하기 위해 분명 토론해 볼 만한

가치가 있다.[65] 그러나 아직 갈 길이 멀다.

전 세계적으로 기본소득을 시행하기 전에 국가 차원에서 새로운 사회 모델을 제시하길 기대해 볼 수도 있겠다. 그때까지 우리는 이민자라는 손님을 환대해야 할 의무를 받아들여야 한다. 그들에게 잠자리를 제공하고 음식을 대접하는 것이다. 다시 말해, 그들에게 필수 재화와 서비스를 보장해 주는 것이다.

왜 이민자들이 우리 입의 빵을 가로채 갈 거라 믿는가? 왜 이민자들을 불법 체류자와 동일하게 취급하는가? 외국인 거주자들은 자국민들과 마찬가지로 경제, 사회적 부를 창출하는 데 참여한다. 이러한 이유로도 분명 그들은 기본소득을 받을 권리를 가져야 한다. 그뿐 아니라 외국인들은 재원 마련에도 참여한다. 이민이 경제에 긍정적인 영향을 미친다는 사실은 이미 여러 연구 결과로 입증되었다.[66] 왜냐하면 결국 외국인들은 일을 하러 오고 자국민들이 하기 싫어하는 직종의 일을 맡게 되기 때문이다. 분명 특단의 조치가 필요한 상황이며, 기본소득이 분명 그러한 상황을 타개할 수 있는 해법이 될 것이다.

기본소득이 해방을 꿈꾼다면, 이는 외국인을 포함한 모든 수령자의 해방을 위한 것이다. 기본소득은 우리가 손님들을 더욱 환대할 수 있도록 여건을 개선하고, 그 손님들이 고용시장에 쉽게 편입할 수 있도록 해 줄 것이다.[67] 또한 한 사회의 시민이자 법적, 실질적으로 한 정치공동체에 속해 있음을 상징하므로 그 이상의 것도 가능하게 해 줄 것이다.

| 2014년 한국형 기본소득 모델 설계도 |

한국에서 기본소득은 실현될 수 있을까? 가장 높은 현실의 벽은 '돈'이다. 설계도가 아무리 멋지더라도, 건축비가 없으면 한낱 종잇조각에 불과하기 때문이다. 강남훈 한신대 경제학과 교수는 2009년과 2012년 '한국형 기본소득 모델' 설계도를 내놓은 바 있다. 기존 사회 복지 예산을 일부 끌어오고, 토지·주식 거래 등 조세 개혁을 꾀해 새로운 재원을 마련한다는 내용이 뼈대다. 강 교수가 재설계한 2014년 기본소득 재원 마련 방안을 보자.

국민 한 명에게 돌아가는 기본소득은 연간 360만 원(월 30만 원)으로 상정했다. 대한민국 인구를 5천만 명으로 어림잡으면, 1년에 총 181조 5천억 원이 필요한 셈이다. 이 돈은 어디서 나올까?

우선 기존 사회 복지 예산의 일부를 기본소득 재원으로 전환한다. 기본소득으로 대체될 수 있는 공공 부조 예산이 대표적이다. 빈곤층에게 지급되던 국민기초생활보장비 가운데 기초생활보장급여(3조 4천억 원), 영·유아 보육료와 가정양육수당 지원금(4조 5천억 원), 기초노령연금(5조 2천억 원)을 돌리면 13조 1천억 원이 생긴다. 아동과 노인에게도 각자 기본소득이 지급되기 때문에 중복 지급하지 않는 것이다.

기본소득 재원 마련의 핵심은 조세 제도의 '대수술'이다. 불로소득에 세금을 매기고, 생태세와 토지세를 새로 도입하겠다고 주장하기 때문이다. 국민과 기업한테서 세금을 거둬 다시 기본소득으로 돌려주는 것이다. 구체적인 내용은 이렇다. 기존에 있던 교통·에너지·환경세와 부가가치세를 혼합해 생태세로 전환한다. 거래되는 모든 물건에 생태세를 부가가치세 형식으로 매겨 40조 원을 마련하겠다는 계산이다. 또 기존의 재산세와 종합부동산세를 토지세로 전환한다. 2013년 전국 토지의 개별공시지가 총액은 3879조 원이다. 여기에 1퍼센트의 토지세만 매겨도 39조 원을 거둬들일 수 있다. 지하에 묻혀 있을 것으로 추정되는 250조 원의 '숨어 있는 돈'을 포착해서 10퍼센트의 세금을 매길 수 있으면 25조 원이 확보된다.

2014년 예산안에서 종합소득세(근로소득 포함)는 54조 2천억 원으로 잡혀 있다. 여기에 50퍼센트의 기본소득세를 부과하면 27조 1천억 원이 마련된다. 또 배당과 이자소득 원천 세율을 현재 15.4퍼센트에서 30퍼센트로 인상하면 추가로 각각 15조 원을 걷을 수 있다는 계산이 나온다. 증권양도소득(파생상품 포함)도 종합소득에 포함해 세금을 부과하면 30조 원을 확보할 수 있다. 불가

토지세 39조 원:
공시지가의 1% 징수

증권양도소득
(현물증권·파생상품 포함)
종합과세 30조 원

근로소득 및 종합소득
27조 1천억 원

지하경제
과세 25조 원

생태세 40조 원

배당 또는 이자소득
종합과세 15조 원

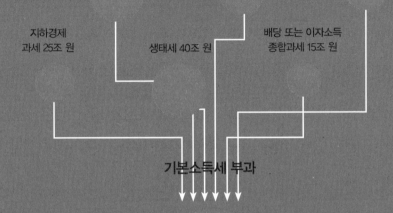

기본소득세 부과

184조 2천억 원

(기본소득 지급액: 5천만 명×360만 원=181조 5천억 원)

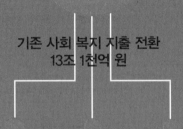

기존 사회 복지 지출 전환
13조 1천억 원

기초노령연금
5조 2천억 원

영·유아 보육료 및
가정양육수당 지원
4조 5천억 원

기초생활보장급여
3조 4천억 원

# 기본소득으로 우리 가족은 얼마 내고 얼마 받나?

## 가구별 연소득에 따른 기본소득 수납액

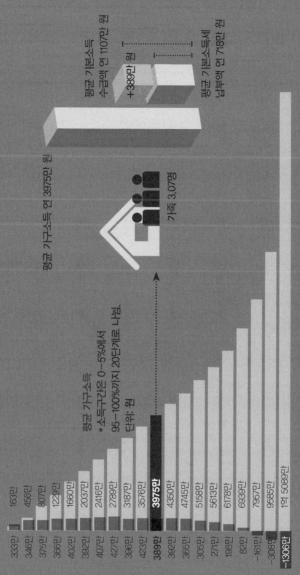

평균 가구소득 연 3975만 원

평균 기본소득 수급액 연 1107만 원

+389만 원

평균 기본소득세 납부액 연 718만 원

가족 3.07명

평균 가구소득

*소득구간은 0~5%에서 95~100%까지 20단계로 나눔.

단위: 원

| 평균 가구소득 | 평균 순납세액 (기본소득 수급액−납부액) |
| --- | --- |
| 163만 | 333만 |
| 456만 | 346만 |
| 807만 | 375만 |
| 1229만 | 366만 |
| 1660만 | 402만 |
| 2037만 | 392만 |
| 2416만 | 407만 |
| 2789만 | 427만 |
| 3187만 | 396만 |
| 3576만 | 423만 |
| 3975만 | 389만 |
| 4350만 | 392만 |
| 4745만 | 365만 |
| 5158만 | 305만 |
| 5613만 | 271만 |
| 6178만 | 198만 |
| 6939만 | 82만 |
| 7957만 | −161만 |
| 9585만 | −308만 |
| 1억 5089만 | −1306만 |

*우리나라 중위가구소득 3753만 원. 기본소득 1인당 30만 원 지급 기준.
세금은 소득세·생태세 부담(비례세) 기준.

능한 일은 아니다. 2010년 법인을 포함해 5퍼센트 미만의 지분을 갖고 있는 모든 투자자가 상장 주식을 양도해 얻은 차익에 대해 20퍼센트의 세율로 과세하면 22조 4천억 원이 추가 징수된다고 국회예산정책처는 추정한 바 있다.

그렇다면 기본소득이 현실이 될 경우, 나는 혹은 우리 가족에겐 실제로 얼마나 혜택이 돌아올까?

강남훈 교수는 기본소득제도가 실시되면 '소득 재분배' 효과가 어느 정도나 될지 추정해 봤다. 여기엔 몇 가지 가정이 있다. 기본소득 재원이 되는 생태세의 경우 가계가 30조 원, 기업이 10조 원을 부담한다고 가정했다. 생태세 가계 부담액과 기본소득 세금 납부액은 가구소득에 비례해 추정했다. 평균 가구소득과 가족 수, 평균 세금 납부액 등에 가중치를 둬서 시뮬레이션해 봤다.

연간 3975만 원(평균 50-55퍼센트)을 버는 가구의 경우, 계산기를 두드려 보면 389만 원이 남는 걸로 나온다. 기본소득세 등 세금으로 718만 원을 납부하긴 하지만 연간 1107만 원(평균 가족 수 3.07명)가량을 받을 수 있기 때문이다. 세금 부담이 늘어날 것을 우려하는 조세 저항이 있을 수 있지만, 실제 현실은 다르다는 증명이다. 시뮬레이션 결과, 순수한 세금 납부액이 기본소득으로 받는 돈보다 많아서 '손해'를 보는 경우는 소득구간 85퍼센트 이상부터였다. 즉, 연소득 7957만 원 이상이 아니라면 국가에서 받는 돈이 내는 돈보다 많게 되는 셈이다.

— 출처:《한겨레21》 2014년 3월 3일 1000호 기념 특대호 〈토지세·생태세 거둬 마련한다〉

# 에필로그

# 평등사회는 가깝다

지금까지 좌파의 기본소득은 바람직할 뿐 아니라 실제로 실현 가능한 제도라는 것을 보았다. 그러나 늘 그렇듯 좌파 내부에도 경제학자 알베르트 히르슈만(Albert Hirschman)이 말한 반동 레토릭이 존재한다. 그는 자신의 책 《반동 레토릭의 두 세기(*Deux siécles de rhétorique réactionnaire*)》[68]에서 진보적 제안에 자동적으로 동반되는 세 가지 반론을 소개한다. 위험론, 역효과론, 무용론이 그것이다. 기본소득 반대자들의 주장에서도 이 세 가지를 확인할 수 있다.

위험론이란 기본소득이 사회보장제도와 일할 권리를 위협한다는 것이다. 그러나 앞서 보았듯이 기본소득은 진정한 보편적 사회보장제도이고, 노동시장의 급여 생활자들에게 더 많은 권한을 줄 수 있다.

역효과론은 기본소득이 국가의 생산능력과 부를 감소시킬 것이라는 주장이다. 그래서 그것이 어떻다는 것인가? 어차피 우리는 과잉 생산의 시대에 살고 있다. 고된 일들은 또한 어떻게 할까? 나누면 된다. 그러한 일들에 정당한 값을 지불하면 된다. 분명한 것은 지금 이대로는 안 된다는 것!

무용론은 '어찌 됐든지 어떤 정부도, 어떤 사회도 기본소득을 감히 시행한 바 없고, 이는 불가능한 제도'라는 주장이다. 이런 정치적 탁상공론은 그만두자. 분명 성공하지 못하리라 단정 짓지 말자.

이미 수세기 전 영국 철학자 토머스 모어(Thomas More)도 기본소득을 제안했다. 이미 수십 년간 전 세계 수천 명의 학자와 시민이 기본소득 도입을 국가 혹은 더 넓은 차원에서 실시하려고 고군분투해 왔다. 프랑스에서는 수년 전부터 기본소득이 정치권의 주요 이슈로 떠올랐다 사그라지기를 반복했다. 앞서 말한 것처럼 오늘날 기본소득은 유토피아의 영역으로 남아 있다. 어느 국가도 감히 실시하지를 못하고 있다. 그러므로 이제부터라도 기본소득이 도입되는 그날을 향해 한 발자국씩 내딛어 보자.

먼저 지역에서 기본소득을 실험해 볼 수도 있다. 실험 결과를 통해 일부 반대 논거들을 분명 물리칠 수 있고, 기본소득의 경제, 사회적인 영향력도 확인할 수 있을 것이다. 물론 북미 실험에서 보았듯이 그러한 실험 결과로 모든 것을 해결하리라는 것은 욕심이다. 실험 참여자들 상황이 진정 기본소득이 필요한 사람들의 현실과 다 같지는 않기 때문에, 실험 결과를 일반화하기

는 어렵다. 실험 기간도 한정되어 실험 결과를 해석하는 범위도 크게 한정될 수밖에 없다.[69]

그럼, 지역 실험을 통해 얻을 수 있는 것은 무엇인가? 실험 참여자들이 실험 기간이 한정되어 있다는 것을 알고 있어 중기간, 장기간에 일어나는 부정적 사건들을 관찰하기 어렵다면, 단기간에서 관찰되는 긍정적인 영향력만 평가하면 된다. 또한 일시적이겠지만 지역 실험을 통해 빈곤 근절이라는 측면에서 기본소득의 긍정적인 영향을 확인할 수 있어야 한다. 기본소득이 지역 개발과 사회적 관계 형성에 미치는 영향에 대해서 평가할 수 있을 것이다. 이러한 평가들을 통해 시민들과 입법자들이 기본소득에 대해 우려하는 사항들을 해명하고 일소할 수 있다.

사실상, 정책 실험(정책의 효과를 미리 알기 위해 일정한 집단에 정책을 실시해 보는 것으로 사회실험이라고도 한다.-옮긴이)의 한계를 넘어서기 위한 가장 간단한 방법은 실제로 지역에서 실시해 보는 것이다! 1988년 이전 일부 해방주의자들이 몇몇 시(市)에서 빈곤과 소외를 근절하기 위한 정책을 야심 차게 실시했을 때, 처음부터 최저통합수당이 도입되리라 기대한 건 아니었다. 1975년도부터 브장송 시에서 일종의 기본소득을 도입하려 했던 예를 앞서 살펴본 바 있다. 브장송이 유일한 예는 아니다. 님, 낭트, 벨포르 등 10여 개 도시에서도 비슷한 시도를 했다.

오늘날 사회보장제도가 많이 보완되었다 해도 사회최저급부 제도에서조차 소외된 이들을 도와야 할 필요는 여전히 존재한다.

이는 지역에서라도 기본소득을 실시해야 할 정당한 이유가 된다.

물론 기본소득의 추진과 실험 그리고 그 결과를 근거로 도입을 결정하는 이 일련의 과정은 정치적으로 결정될 사안이며, 의원들의 약속에 의해 행해질 것이다. 의원들이 기본소득 도입을 약속하는 그날까지, 기본소득을 도입하려는 시민들의 의지와 활동을 활용하자.

기본소득이 도입될 때까지 어떤 식으로든 무상 제도가 유지되어야 할 것이다. 지역 상호 부조 시스템의 일환인 지역통화제도를 통해 필수 재화와 서비스를 쓰고 누리는 것이 가능해질 것이다. '취약층 상호공제조합(mutuelles de précaires)'은 얼마 되지 않는 소득을 공용화해서 그 구성원이 모두 최소한의 생활수준을 유지할 수 있도록 보장해 주는 것으로, 이는 새로운 연대 제도의 개발 차원에서 검토해 볼 만하다.

기본소득 도입과 아울러 우리는 노동시간을 대폭 단축해 줄 것을 요구할 수 있다. 만일 우리가 자유 시간을 누리기 위한 방법으로 기본소득을 생각하거나, 기본소득을 통해 노동의 가치를 문제 삼으려 한다면, 노동시간을 줄이는 것은 단지 시작일 뿐이다. 그리고 노동시장의 벽이 너무 높다면 하루 중 일정 시간만 일할 수 있는 것에 만족하자. 이는 모두를 위한 권리다. 일정 시간만 일할 수 있는 권리는 기업 경영자들만이 누리던 특권이었다.

우리는 국가적인 과잉 생산의 노력에서 일시적으로나마 벗어나야 할 여러 이유가 있으므로 파트타임으로 일할 수 있는 권리를 가져야 한다. 무슨 이유로든 혹은 아무 이유가 없더라도 그러한 권리를 가질 수 있어야 한다. 파트타임으로 일할 권리를 갖는다는 것 그리고 보조금까지 받는다는 것 그것은 정치인 미셸 로카르(Michael Rocard)나 기 아즈나르가 1990년대에 제안했던 것과 같다.[70] 물론 당시 그들의 목적은 "모든 이가 일할 수 있도록 덜 일하자."였다. 그러나 시대에 역행하는 이 슬로건은 잊어버리자! 우리에게 필요한 것은 "적게 일하기 위해 모두가 일하는 것"이다.

그런데 잠깐, 여기서 '일'이라는 말은 이 말이 지닌 뜻 가운데 가장 고통스러운 의미로 쓰였다. 노역 혹은 트리팔리움(tripalium, 로마인들의 고문 장치-옮긴이)과도 같은 뜻이다. '일하다'는 그만두고 싶어도 그만둘 수 없는 모든 종류의 일을 행하는 것을 뜻한다.[71]

이제, 평등사회를 상상하자. 이 사회에서 '일'은 최소한으로 의미가 축소된다. 모든 사회 구성원이 일을 균등하게 나누고, 자유 시간이 가장 큰 부가 되며(이는 정말 아름다운 가치의 역전이 아닐 수 없다), 무상이 기본이 되고(우리가 기쁜 마음으로 혹은 상호 부조 차원에서 공짜로 할 수 있는 것에 무엇 하러 돈을 내게 만드는가?), 심지어 기본소득도 필요 없는 사회. 이것이 바로 평등사회다.

# 저자 인터뷰

기본소득에 관심을 갖게 된 특별한 동기가 있었나?

기본소득 운동을 한 지 10여 년이 넘었다. 지지하는 기본소득 유형에 약간의 변화는 있었지만, 그 시간을 거치면서 목표를 좀 더 가다듬고 정련할 수 있었다. 처음 기본소득에 관심을 갖게 된 것은 '일'을 비판적으로 바라보게 되면서였다. 물론 '일'만 놓고 보았을 때 한국의 상황은 프랑스보다 더 나쁘리라 생각한다. 한국은 OECD 가입국 중 노동시간이 가장 높지 않나. 그렇게 대부분 시간을 일에 쏟고 나면 자신의 삶을 온전히 즐길 시간은 도대체 어디에 있나.

반면 프랑스는 게으름뱅이를 상징한다. 그런데도 나는 여전히 프랑스의 노동시간이 너무 많다고 생각한다. 내가 기본소득에 관해 처음 낸 책 제목이 《돈 버느라 인생을 잃지 마라》였다. 우리는 너무도 많은 시간을 일로 소진해 버린다. 그 바람에 내가 좋아하는 활동, 가족, 친구 등 인생에서 진정 소중한 것을 잊어 버리고 만다. 내게 기본소득은 일 이외에 존재하는 '부(내가 좋아하는 활동, 가족, 친구 등)'를 실질적이고 가시적인 '부'로 만드는 것, 그리고 우리가 점차 잊어 가는 진정 소중한 것들을 더욱 풍요로운 환경에서 지킬 수 있도록 필요한 모든 수단을 제공해 주는 것이라 할 수 있겠다.

이 책은 철저히 반성장의 시각에서 쓰인 점이 인상 깊었다. 역자는 우파 경제학자 교수에게서 교육을 받았고, 졸업 후엔 자본주의의 첨병이라 할 수 있는 경영 컨설팅 회사에서 컨설턴트를 거쳐, 현재 대기업의 현장에서 뛰고 있다. 실제 현장에서 보면 대부분 기업이 피가 마르는 경쟁을 하고 있다. 시시각각 변하는 기업 환경에서 한 번 뒤처지면 격차를 좁히기가 거의 힘들다. 그렇기 때문에 기업은 살아남기 위해 필사적으로 생산성을 높일 수밖에 없다. 그뿐만 아니라 대기업 하나가 무너지면 수천 명이 실업자가 되는 게 현실이다. 사명감을 갖고 살아남으려 투쟁하는 기업에게 '반성장'은 현실에 다소 반하는 것이 아닌가?
반성장이 현재 실시되고 있는 그 어떤 정책과도 맞지 않는다는 것은 분명하다. 그러나 나는 현재 우리 사회에 산재해 있는 여러 경제, 사회 문제에 대한 새로운 시각을 갖고 있다. 실업에 대해 언급했는데 아주 좋은 예라고 생각한다. 각 개인의 사회적 쓸모를 인정하고 우리가 하는 활동이 무엇이건 그 활동의 사회적 쓸모를 인정한다면, 또한 모든 개인에게 충분한 삶의 질이 보장된다면 실업이 반드시 '문제'라고 볼 필요가 있을까.

문제는 일이 사회적으로 인정받고, 사회적 관계를 맺고, 생계를 이어 나가고, 자존감을 찾을 수 있는 핵심적인 것으로 여겨진다는 사실이다. 이러한 현실이 부를 일에서밖에 구할 수 없다는, '부'에 대한 왜곡된 시각을 심어 주는 데 일조했다고 본다.

기업의 치열한 경쟁 환경에 대해 말했는데, 결국 그 피 마르는 경쟁이 개인들 간에도 생기게 된다. 기업이 시장 점유율을 높이기 위해 사투를 벌인다면, 개인들은 자신의 명예와 지위를 놓고 치열하게 경쟁한다. 같은 논리다. 바로 이것이 반성장주의자들이 주로 비판하는 점이다. 이러한 비생산적인 관계에서 탈피해 협력의 관계로 나아가야 할 것이다.

프랑스와 마찬가지로 한국도 부의 불평등이 매우 심각하고, 일자리도 너무 불안정하다. 2013년 조사 결과에 따르면 한국 국민 58퍼센트가 스스로를 하층민이라 생각한다고 한다. 이런 상황에서 더는 사람들은 돈을 아끼고 모으려 하지 않는다. 어차피 위로 올라가는 일이 불가능하니 오직 현재의 즐거움만 생각하는 것이다. 이런 자포자기의 상황에서 벗어나고자 한국 정부는 중산층을 70퍼센트까지 확대하는 것을 목표로 삼고 있다. 경제학적 관점에서도 중산층이 넓은 마름모꼴의 경제 구조가 가장 안정적이다. 기본소득이 도입되면 중산층이 확대되는 데 기여할 것이라고 생각하는가?

소득과 부의 불평등이 심해지는 것은 2000년 이래로 보이는 전 세계적인 현상이다. OECD 국가들의 경우도 그러하고, 실제 프랑스도 그렇다. 기본소득 목표 중 하나는 불평등을 타파하는 것이다. 기본소득을 통해 모든 이에게 충분한 삶의 수준(빈곤선 수준이거나 그보다 약간 높은 수준)을 보장해 주어 빈곤을 타파하고, 새로운 부의 재분배 구조를 만들어 부의 불평등에 대항하는 것이다. 물론, 기본소득 금액이 높을수록 불평등을 개선할 여지는 많아질 것이 분명하다.

기본소득은 스웨덴과 같은 복지선진국에서도 아직 도입되지 않고 있다. 북유럽의 사민주의적 복지 제도와 비교했을 때 기본소득의 장점은 무엇인가?

기본소득 제도는 기존 사회보장제도를 보완하기 위한 방안으로 제시되었다. 일부 우파 기본소득 지지자들은 이 제도가 본래 취지와는 반대로 기존의 사회보장제도를 약화시킬 거라고 본다. 그러나 내 생각은 다르다. 기본소득을 개인에게 보장함으로써 사회 보장의 범위가 넓어지고 더 강화될 것이다. 이는 기본소득의 두 가지 핵심, 무조건성과 충분한 액수 때문에 가능하다. 기본소득은 보편적 복지이자 법적, 실질적으로 아무도 배제하지 않기 때문에 소외를 없애고 빈곤을 퇴치하는 데 기여하게 된다.

그뿐만 아니라 기본소득은 현재의 사회복지제도 논리에도 문제를 제기한다. 예를 들면, 오늘날 사회복지제도는 흔히 일과 결부된다. 일을 하고 있지 않은 사람들은 혜택이 큰 사회 복지 서비스에서 흔히 제외된다. 설령 소소한 혜택을 준다 해도, 이는 자선의 논리를 바탕으로 한 것이며, 제시하는 조건에 부합하는 경우(예를 들어 구직 증명서를 제출하는 것)에만 받을 수 있다. 그렇기에 현 사회보장제도는 가난한 사람들에게 낙인과 수치심을 안겨 준다. 나는 이런 시스템은 부당하다고 생각한다. 사회 정의의 논리에 기반을 둔 기본소득을 사회 복지의 테두리 안에 포함함으로써 이러한 사회 부조리를 완화하는 데 일조할 수 있지 않을까 생각한다.

'노동의 권리'가 실제로는 허구이며 산업사회의 기만적 믿음이라고 언급한 부분이 인상적이다. 기본소득은 힘든 일을 타인과 나누거나, 노동시간을 줄이고 다른 즐거운 활동을 하게 해 다소나마 일에 대한 힘듦을 견딜 수 있게 하리라고 했다. 그러나 사회에는 어쩔 수 없이 모두 싫어하는 직종이 있게 마련이다. 모두 즐겁고 하고 싶은 일만 하려고 한다면 3D 직종은 결국 로봇이나 이민자들이 해야 하나? 그렇지만 이민자들도 사회 구성원으로서 기본소득을 받아야 할 주체라고 말했다. 그렇다면 결국 모두 기피하는 일은 누가 맡아야 할까?

매우 중요한 질문이다. 말한 대로 그런 고통스러운 일들은 분명 있다. 그런데 누가 그 일을 하게 될 것인지에 대해서는 대개

무관심하다. 왜냐하면 그 일을 하지 않으면 안 되는, 다른 선택의 여지가 없는 사람들이 하게 될 것을 모두 알고 있기 때문이다. 그렇게 특정 부류만 고통을 당하게 되는 시스템은 정당하지 않다.

기본소득을 도입하면, 오늘날 힘든 일을 하는 사람들은 더는 그 일을 하지 않으면 안 되는 상황에는 빠지지 않을 것이다. 잘된 일이지 않나. 그렇다면 누가 그 힘든 일들을 하게 될까? 답은 '모두가'이다. 내가 가장 선호하는 해결책은 만일 회사라면, 회사 안에서 힘든 일을 다 함께 나누는 것이다. 개인적으로는 나 역시 모두가, 모든 일을 나누어 하는 회사를 차린 적이 있다. 물건 운반, 회계, 판매, 홍보, 청소 등에 모두 다 참여했다.

일을 나누면 일이 덜 힘들어진다. 힘든 정도가 약간 희석된다고나 할까. 한편 고된 일을 할 경우 그 환경 또한 중요한데, 근무 환경이 경직된 곳에서 고된 일을 해야 한다면 그 일의 고통은 배가 될 것이지만, 만일 분위기가 더 나은 곳에서 일한다면 그 일은 덜 고통스러울 것이다. 일의 의미 또한 중요하다. 어떤 불필요한 물건을 만드는 회사에서 그 물건이 어디에 쓰일지도 모른 채 힘든 작업을 해야 한다면 이것은 정말 답이 안 나오는 상황이다. 그 힘든 일의 가치를 모두가 인정해 주는 상황에서 하루 중 일부의 시간만 일을 하게 된다면 비록 고되더라도 보람을 느낄 수 있을 것이다. 마지막으로 책에서 말했듯이 모두 기피하는 일을 받아들이는 조건으로 더 높은 보수를 주는 것도 고려해 볼 하나의 방법이다.

이민자에게도 기본소득을 지급해야 한다는 부분에서 공감했다. 실제로 이민자들은 이민국에서 환영받지 못하고 사회 속에서 물과 기름처럼 겉도는 경우가 많다. 이민자들이 저지른 범죄도 종종 매체에서 다루는데, 이민자는 대부분 상대적인 박탈감 때문에 문제를 일으킨다고 생각한다. 그들의 연착륙을 위해서, 또한 사회 전체의 안정을 위해서라도 사실상 기본소득은 이상적이다. 그러나 이민자들도 복지를 누리게 하는 것은 프랑스에서조차 논란거리 아닌가?

사회적 논란거리 맞다. 그러나 정치가에 의해 선동된 논란이다. 프랑스는 사회 복지 분야에서 만성적인 예산 부족 문제를 겪고 있다. 늘 적자를 면치 못하는 상황인데, 일부는 그 원흉으로 이민자들을 손가락질한다. 그러나 실제로 통계 수치를 자세히 들여다보면 이민자들은 사회복지제도를 악용해 먹는 것이 아니라 오히려 사회적 부가 증대하는 데 기여하고 있다는 사실을 알 수 있다.

모든 걸 떠나서, 인본주의 관점에서 기본소득을 이민자들에게 지급하는 것은 당연한 일이라고 생각한다. 우리 땅에 새로 온 손님을 맞이하기 위한 기본 아닌가! 개인적으로 나는 우리 집에 누군가가 오면 식사 한 끼와 침실 하나를 제공하는 것을 원칙으로 삼고 있다. 손님을 환대해 주면 그만큼 만남의 즐거움은 더욱 깊어지게 마련이다. 반대로 '그들'을 무조건 기회주의자로 보는 시각은 서로 불신하게 하고 사회적 긴장을 낳을 뿐이다.

2013년 스위스에서 기본소득 도입을 국민투표에 부치기 위한 서명운동에 성공한 사례는 매우 고무적이었다. 알래스카에서는 기본소득에 해당되는 영구기금이 지급되었고, 나미비아에서 실험적으로 실시된 기본소득도 좋은 결과를 얻었던 것으로 알고 있다. (책에서 나온) 미국에서 실시된 실험도 해석상의 문제가 있기는 했지만 사실상 좋은 결과를 냈다고 볼 수 있다. 그런데 시도한 국가가 선진국 아니면 후진국이다. 중진국이 실시할 경우 중진국들 세계에서 뒤처져 선진국으로 도약하는 일이 어려워질 것이다. 결국 그 사회는 경제적으로 퇴보한 채 순간의 행복에 안주해 버리는 것 아닌가 하는 우려도 든다. 그래서 경제 하향 평준화가 되어 버리지는 않을까.

여기서 다시 한번 반성장이라는 말을 언급해야겠다. 다소 민감한 문제인데… 부의 측면에서 보았을 때 '나, 바티스트 밀롱도' 개인의 위치를 세계 속에서 생각해 보면, 지구상에서 상위 10퍼센트 심지어 상위 5퍼센트 안에 들 것이라고 확신한다. 한국의 생활수준에 대해 잘 알지 못하기 때문에 진단이나 조언을 한다는 건 주제넘는 짓 같다. 따라서 다음 질문을 던지는 것으로 대답을 대신하려 한다. 부자가 된다는 것, 그것은 얼마만큼을 가져야 한다는 말이며, 또 어떨 때 부자라고 말하나?

개인적으로 나는 매우 부유한(혹은 너무 부유한) 나라에서 살고 있다. 만일 모두가 이렇게 부유한 국가에서 살려면 지구가 두세 개쯤은 필요할 것 같다. 안타깝게도 지구는 하나밖에 없다! '너무 부유하다'는 것은 우리가 필요치도 않은 것을 생산하고 소비하느라 진정 중요한 것에 시간을 쓰지 못한다는 것을 뜻한다.

나는 프랑스가 부국일 수는 있겠지만 선진국이라고는 생각하지 않는다. 잘못 성장해 버린 나라다. 풍요로움을 너무도 열렬히 추구하느라 정작 이 풍요로움의 성격이 뭔지 묻는 것을 잊고 말았다. 브레이크 없는 질주를 언제쯤 그만둘 수 있을까? 언제쯤 만족할 수 있을까? 나는 경제성장이 일정 수준을 넘으면, 우리의 삶을 해치기 마련이라고 생각한다. 시간에 쫓기고, 스트레스 받고, 일과 소비에 찌들고…. 결국 진정한 부는 경제적인 것이 아닌 사회적인 것이라는 사실, 단순히 GDP로 계산될 수 없다는 사실을 망각하고 마는 것이다.

기본소득이 사람들을 현재의 즐거움에 안주하게 만든다면, 오히려 잘된 일 아닌가! 하지만 그것만으로는 부족하다. 오히려 개인에게 즐거움과 보람, 만족을 줄 다른 것들을 적극적으로 찾아야 한다. 1인당 GDP 3만 유로가 넘는 국가의 사람이니 이렇게 말하기는 쉽다고 말할지 모르겠다. 그러나 OECD 가입 국가이고 경제 수준에서 유럽과 어깨를 나란히 하는 한국의 경우도 프랑스와 마찬가지이리라 생각한다.

프랑스에서는 기본소득이 주요 이슈로 떠올랐다가 사그라지기를 반복한다고 들었는데 현재는 어느 정도까지 논의가 진전된 상태인가?

프랑스에서는 기본소득에 대한 논의가 주기적으로 들불처럼 일었다 사그라지기를 반복하고 있다. 예를 들면 1980년대에 최저통합수당이 도입되었을 때에도 활발히 논의되었다. 당시 핵심 쟁점은 기본소득을 받는 대신 수령자로부터 반대급부를 요구할 것인가 말 것인가였다. 결국 기본소득 지지자들은 이 대립에서 지고 말았다. 또한 2001년 근로에 수당을 주는 안(워킹푸어 구제책)이 채택되고, 음의 소득세(기본소득과 비슷한 개념) 도입이 한동안 고려되었다. 그러나 이 안은 또다시 밀려나고 말았다.

오늘날, 좌파와 우파 여러 정당과, 녹색당 등에서 기본소득에 대해 폭넓게 논의하고 있다. 현 집권 여당인 사회당 내에도 몇 명의 기본소득 '운동가'가 있다. 다른 채널로는 '기본소득을 위한 프랑스 운동'이 작년에 만들어져 기본소득 지지 운동을 벌이고 있다. 그들은 시민단체를 결집시키고 여러 정당을 설득하기 위한 첫 단계로, 최대한 많은 사람에게 기본소득을 알리려 애쓰고 있다.

기본소득이 이상적이라는 데는 이견이 없다. 그러나 재원 마련이라는 문제에 늘 부딪힌다. 현재 점점 심해지는 부의 불평등을 개선하기 위해서라도 초고소득자에 대한 중과세는 불가피할 듯하다. 그럴 경우 조세 저항이 만만치 않을 것이다. 세금이 적은 나라로 이민 가거나 타국으로 자금을 유출해 조세 회피를 할 가능성이 클 듯한데 어떻게 보는가? 실제로도 프랑스 올랑드 대통령이 초고소득자 소득세율을 70퍼센트까지 올리겠다고 하자 프랑스 전 사회가 반발하지 않았나.

오늘날 전 세계적으로 또한 각 국가 안에서도 부가 한쪽으로 편중되어 있다는 사실은 명약관화하다. 부자들이 그들의 부를 다른 이들과 나누고 싶어 하지 않는다는 사실 또한 분명하다. 만일 그들이 세금 내기를 거부한다면 그들이 선택할 수 있는 것으로는 두 가지밖에 없다. 조세 회피와 탈세. '조세 피난처'에 대해 말을 했는데… 어찌 됐든 지금 실제로 일어나고 있는 일이다. 그러나 그 경제적 결과에 대해 너무 과장할 필요는 없다. 게다가 G20 국가들이 조세 회피의 메커니즘을 뿌리 뽑고자 팔을 걷어붙이고 나서지 않았나.

탈세 관련해서도 그 현상과 결과를 과장해서는 안 될 것이다. 만일 일부 부자나 슈퍼부자들이 끝까지 그들 재산 전부를 한 푼도 양보할 수 없다고 생각한다면, 조국을 떠나서라도 조세 정의와 사회 정의를 피하고자 한다면, 어쩔 도리가 없지 않은가…. 우리가 생각하는 '부'는 경제적인 부가 아니라는 시각을 잃지 말자. 진정 중요한 것은 우리의 인간관계, 연대 의식이다. 우리는 또한 그것을 증명해 보일 수 있다. 돈은 결국은 사회적 부산물일 뿐이다.

부자들은 세금을 올리면 조세 피난처로 망명하겠다고 협박하곤 하는데, 내가 보기에 이런 태도는 우리가 불평등과 거대자본에 맞서 싸워야 할 추가적인 이유를 갖게 할 뿐이다. 이러한 협박을 통해 우리는 민주주의적 평등이 다시 한번 소수의 슈퍼부자들에 의해 흔들리고 있다는 사실을 확인할 수 있다. 민주적 평등은 경제적 평등을 수호하지 않고서는 지키기 불가능하다.

기본소득이 가난의 악순환의 고리를 끊는 역할을 해 주리란 생각이 들었다. 다시 말하면 기본소득은 저소득층의 목돈 마련을 도와주는 마이크로 크레딧(빈곤층을 위한 무담보 소액대출-옮긴이) 같은 것인가?

기본소득은 빈곤으로부터 사람들을 보호할 것이고, 특히 '빈곤의 늪'에 빠지는 것을 막을 수 있다. 마이크로 크레딧과 다른 점은 수령자에게 상환하라고 요구하지 않는다는 것이다. 그럴 경우, 자율과 행동의 자유가 더 커질 수밖에 없다. 게다가 마이크로 크레딧은 자본주의라는 동력을 문제 삼지 않는다. 무하마드 유누스(전 그라민은행 총재-옮긴이)는 빈자들을 자본주의의 궤도 안에 편입시키기 위한 방편으로 마이크로 크레딧을 창설했다. 자본주의는 우리가 반드시 벗어나야 할 강압적인 시스템이다. 기본소득은 자본주의로부터 탈피할 좋은 도구가 될 것이다.

한국에서도 진보 진영을 중심으로 기본소득에 대한 논의가 뜨겁다. 그러나 결국 이 책에서도 언급했듯이 국회의원과 같은 정책 입안자들이 나서야 한다고 보지 않았나. 실제로 기본소득을 시행하기 위한 구체적인 로드맵이 있는가.

안타깝게도, 아직은 없다…. 프랑스에서도 기본소득이 아직 도입되지 않았지 않나. 문제는 정치인들이 유권자의 표를 의식해서 혹은 미쳤다는 소리를 들을까 봐 이 주제로 감히 뛰어들지 못하고 있다는 사실이다. 이러한 회의론에 맞서기 위한 가장 효율적인 방법은 실험을 해 보는 것이다. 지역을 정해 직접 실험해 보는 것이다. 그렇게 하면 기본소득을 더욱 구체적으로 제안할 수 있게 될 것이고, 기본소득에 대한 근거 없는 우려를 잠재울 수도 있으리라 본다.

때로 사람들이 기본소득에 회의감을 품고 있고 이 제도를 깊이 불신한다는 사실을 확인하게 된다. 그러나 기본소득은 부와 일이 새로이 분배되는 신(新)사회 모델을 탄생시킬 것이고, 오늘날 패자로 여겨지는 이들을 승자로 만들 것이란 점을 잊어선 안 된다. 정치 판도도 바꾸어 놓을 것이다. 오늘날의 '패자'들은 정치에 거의 관여할 힘이 없지만, 기본소득을 받게 되면 그들의 정치적 영향력도 무시하지 못할 만큼 커질 것이기 때문이다. 그러므로 기본소득을 실현하기 위한 가장 빠른 방법은 아래에서부터 운동을 일으키는 것이다. 기본소득을 요구하는 목소리가 높아져 정치인들이 기본소득에 대해 검토하지 않을 수 없게 만드는 것이다.

한국에서도 한신대 강남훈 교수가 2014년 한국형 기본소득 모델을 발표한 바 있다. 국민 수를 대략 5천만 명으로 잡고 매달 30

만 원씩 지급할 경우, 1년에 총 181조 5천억 원 정도가 든다(《한겨레21》 2014년 3월 3일자). 재원은 우선 기본소득과 성격이 유사한 복지 제도의 예산 일부를 끌어와 마련하고, 나머지는 불로소득, 지하경제, 생태세·토지세 등에서 충당하겠다는 안이다. 이 안을 어떻게 보는가?

재원 마련 방법은 많다. 아마도 기본소득 지지자의 수만큼이나 각양각색일 것이다. 나는 세금을 통한 재원 마련을 지지하는 편이다. 기존의 복지 제도의 예산 일부를 끌어다 쓰는 것은 신중할 필요가 있다. 기본소득의 도입 자체가 사회보장제도의 개선과 강화를 의미하지, 사회보장제도 약화는 아니기 때문이다. 또한 기본소득이 실업수당이나 퇴직연금 같은 보험적 성격의 사회보장제도를 대체해서는 절대 안 된다는 점을 강조하고 싶다.

기본소득 목적은 모두가 원하는 일을 하고, 행복하게 살자는 데 있는 듯하다. 인본주의적 정책이라고 생각한다. 아직 본격적으로 실시한 나라가 없어 아직 유토피아적 영역으로 남아 있지만 말이다. 시행을 저해하는 가장 큰 걸림돌이 무엇이라고 생각하며, 그것을 극복하려면 어떻게 해야 할까.

기본소득은 유토피아적인 제도가 맞다. 아직 어떤 나라도 실시한 적이 없다는 점에서…. 그렇다고 비현실적인 제도라는 말은 아니다. '현실적인 유토피아' 바로 그것이다. 기본소득이 도입 안 되는 이유는 기본소득이 어떤 식으로든 현재의 기득권자들, 가진 자들의 자리를 위협하기 때문이다.

이것은 기본소득의 역설이라고도 말할 수 있겠다. 기본소득은 분명 시민들의 활동을 개발하고, 어떤 형식으로든 개인들이 더 자유롭게 행동할 수 있도록 한다. 그러나 이 자유가 바로 정치 지도자들 그리고 슈퍼부자들을 두렵게 하는 것이다. 자신의 호주머니에 지금 당장 기본소득이라는 돈이 들어 있는데 누가 그들을 섬기겠는가? 우리 사회에서 일과, 또한 일에 늘 따라붙는 '일의 가치'는 훌륭한 사회적 통제 수단이다. 이를 통해 사람들을 착취하고 노예처럼 부릴 수 있었다…. 아무런 조건도 붙이지 않고 일정한 소득을 보장한다는 것, 이는 사람들을 조종할 통제권을 잃어버리는 것이다. 우리는 사회 속에서 그리고 삶 속에서 누릴 수 있는 자유의 권리를 적극적으로 요구해 쟁취해야 할 것이다.

* 이 인터뷰는 역자가 이메일로 저자와 주고받은 것이다. 174쪽 저자 사진 ⓒMichel Le Sauce

이 책은 '국가가 국민에게 인간답게 살 권리를 보장해 줄 수 있는 방법은 무엇인가'란 물음에 대한 답으로 '기본소득'을 제시한다. 논리는 명쾌하다. 잘 짜인 체스 판처럼 빈틈이 없다. 군이 세 모녀 자살 사건을 언급하지 않더라도 부의 양극화 현상이 그 어느 때보다 극심해진 요즘, 시의적절한 주제란 생각이 든다. 지금도 많은 이가 열심히 일해도 저소득층에서 맴돌며 사회에서 열외될 것 같은 불안감 속에서 하루하루를 살아가고 있다.

이런 이들을 염두에 두며 저자는 기본소득을 소개한다. 일하지 않고도 평생 동안 소득을 얻을 수 있다니! 얼핏 보면 유토피아를 꿈꾸는 괴짜 경제학자의 주장 같지만, 저자는 비교와 예시, 역사적 사건, 많은 경제학자의 연구 결과 등을 바탕으로 조목조목 근거를 대며 논리를 전개하고 있다.

저자가 궁극적으로 주장하는 바는 단순하다. 모든 인간은 돈에 얽매이지 않고 자신이 원하는 활동을 하고, 자유를 누리며, 행복하게 살 수 있어야 한다는 것이다. 개인에게 최소한의 삶의 수준을 보장하여 행복할 권리를 보장해 주는 것이 국가의 역할이고, 그 수단이 바로 기본소득이라는 주장이다. 그러한 점에서 기본소득은 인간의 기본적인 권리의 구현이자 성장 위주 자본주의 패러다임을 송두리째 뒤흔들어 놓는 것이라 할 수 있다.

스위스를 비롯한 유럽 여러 국가와 남미, 아시아 그리고 아프리카에서도 기본소득 도입 움직임이 보이고 있다. 한국에서도 정치권을 비롯해 시민사회에서 논의가 진행 중이다. 이 책을 통해 더 많은 사람이 기본소득에 대해 관심을 갖게 된다면 이는 역자로서 더없는 기쁨과 영광이 될 듯하다.

이 책이 번역될 때까지 사소한 질문도 성의 있게 답변해 주고 인터뷰도 기꺼이 응해 준 저자 바티스트 밀롱도 그리고 사랑하는 나의 가족에게 감사의 마음 전한다. 책에 나온 수학적 내용을 함께 계산기를 두드려 가며 확인해 준 소울메이트 백영천 박사, 회사 일과 번역 작업 병행을 격려해 주신 한국외대 통번역대학원 최정화 교수님과 질 우브라르(Gilles Ouvrard) 교수님, 땀과 열기로 가득 찬 더그아웃 같은 이곳 알제리 젠젠 항 현장에서 나와 생사고락을 함께하는 모든 분, 특히 지금 이 순간 바로 이곳에서 최선을 다하는 것만이 진정 인생을 충만하고 멋있게 사는 길이라 조언해 주신 대우건설 최환 상무님, 늘 따뜻한 마음으로 함께 고민하고 격려해 주신 차성기 부장님께 감사의 마음 전한다. 이분들이 안 계셨다면 이 작업을 마치지 못했을 것이다. 마지막으로, 번역하는 동안 바늘 끝만 뭉쳐 놓은 듯 예민했던 나의 온갖 짜증과 신경질을 다 받아 준, 나의 멘토 김성훈 차장님께 깊은 감사의 마음을 전하고 싶다.

1 Thomas Nagel, *Égalité et partialité*, [Paris: Press Universitaires de France, 1994(1991)], pp. 70-71.

2 보통 빈곤선은 두 가지로 정의된다. 중간소득(중간소득이란 전체 국민을 소득별로 세웠을 때 가운데 사람의 소득을 의미한다. 그러므로 국민의 절반은 이 소득이상이고 나머지는 이 소득 이하다.―옮긴이)의 50퍼센트를 빈곤선으로 정하는 경우와 60퍼센트로 정하는 경우가 있다. 후자의 경우 빈곤층이 늘어난다.

3 별다른 언급이 없다면, 이 장에서 언급되는 통계 수치들은 잡지 《경제적 대안 (*Alternatives Économiques*)》의 번외 호(2012년 9월)에서 '사회 불평등'을 특집으로 다루었을 때 소개된 것이다.

4 Haut Conseil de la santé publique, Les inégalités sociales de santé: sortir de la fatalité, rapport publié en décembre 2009.

5 Peter Adamson, Bilan Innocenti 10. Mesurer la pauvreté des enfants, UNICEF, *Florence*, 2012, p. 2.

6 Alain Caillé, "Pour sortir dignement du xxe siécle : temps choisi et revenu de citoyenneté", *MAUSS*, 제7권, 1996년 1/4분기, pp. 130-150.

7 Milton Friedman, *Capitalisme et Liberté* (1962), (Paris: Robert Laffont, 1971).

8 André Gorz, "Pour un revenu inconditionnel suffisant", *Transversales*, 제3권,

Paris, 2002.

**9** 옮긴이 주-프랑스 정당제는 다당제다. 극좌, 좌익, 중도, 우익, 극우, 기타 정당으로 나뉘어져 있다. 스펙트럼이 매우 넓다. 현재는 좌익 정당인 사회당(PS)이 집권했고, 전 정부에서는 중도우익 정당인 대중운동연합(UMP)이 집권했다.

**10** 옮긴이 주-생산이 늘수록 에너지를 더 쓰게 되고 공해도 심해져 생태발자국이 높아진다는 뜻이다. 생활하면서 쓰는 돈이 많다는 것은 그만큼 많이 소비한다는 뜻이고, 그로 인해 생태발자국은 더 높아질 것이다. 그러므로 적게 생산하고 적게 소비하는 편이 환경에 더 이롭다.

**11** 네덜란드 철학자 로베르트 판 데르 빈(Robert Van der Veen)과 벨기에 철학자 필리페 판 파레이스는 역설적으로 기본소득을 "공산주의로 가는 자본주의의 길"이라고 소개했다. *참고: Robert Van der Veen et Philippe Van Parijs, "A Capitalist road to communism", *Theory et Society*, volume 15-5, 1986, pp. 635-655.

**12** 이 점에 관해서는 Mouvements(www.mouvements.info)(2009)에 실린 저자의 글 〈Le salaire du labeur. Souffrance au travail et consolation consumériste〉 참고.

**13** 옮긴이 주-자유주의자들은 정부가 시장을 규제하는 것에 기본적으로 반대하고, 개인의 재산권과 계약의 자유를 강조한다. 그렇기 때문에 자유 경쟁해서 생긴 불평등을 인정한다.

**14** 옮긴이 주-통화주의란 화폐를 공급하는 중앙은행과 통화량을 조절하는 정부의 역할을 중시하는 경제학파다. 밀턴 프리드먼이 대표적이며 "인플레이션은 언제, 어떠한 경우라도 화폐적 현상이다."는 그의 말은 유명하다.

**15** Georg Simmel, *Philosophie de l'argent*, [Paris: Presses universitaires de France, 1999(1900)].

**16** ADOC(association des objecteurs de croissance) 강령에서 발췌

**17** Sur cette question, voir notamment l'excellent livre d'Hartmut Rosa, *Accélération* [Hartmut Rosa, *Accélération. Une critique sociale du temps*, Paris, La Découverte, 2010(2005)], ou le plus ancien *The Harried leisure class* de Staffan Linder (Staffan B. Linder, *The Harried leisure class*, New York, Columbia university press, 1970).

Voir aussi le limpide *The dismal science*, de l'économiste Stephen Marglin (Stephen Marglin, *The dismal science. How thinking like an economist undermines community*,

Cambridge, Harvard university press, 2008).

**18** Max Weber, *L'Ethique protestante et l'esprit du capitalisme*, [Paris: Plon, 1964(1905)].

**19** Max Weber, *L'éthique protestante et l'esprit du capitalisme*, [Paris: Plon, 1964(1905)].

**20** 평생월급에 대한 내용들은 주로 베르나르 프리오의 저서들에 근거하고 있다. 특히 2012년에 낸《*L'enjeu du salaire*》(Paris: La Dispute, 2012)을 참고했다.

**21** 나는 2006년도에 600유로를 제안했다.《*Ne pas perdre sa vie à la gagner*》 (Bellecombeen-Bauges: Croquant, 2010)와《*Un revenu pour tous!*》(Paris: Utopia, 2010)에서). 최근 POURS(www.pourunrevenusocial.org) 단체에서 제안 액수를 1000유로로 올렸다. 거듭 논의한 끝에 사회적으로 유익한 수준의 기본소득 금액을 도출해 준 POURS 동지들에게 감사의 말을 전한다.

**22** 최소소득과 최대소득 차이를 말하는 최대 소득 격차라는, 이론의 여지가 많은 주제를 여기서는 논하지 말자.

**23** Bernard Friot, 앞의 책, p. 133.

**24** 이상 사회, 다시 말해 유토피아 사회라면, 베르나르 프리오는 임금과 자격에 서열을 두는 것보다 단일 임금제를 더 선호했을 듯하다. (Bernard Friot, 앞의 책, p. 134.)

**25** 위의 책, p. 76.

**26** "모든 사용가치가 동일하고 가치 생산자에 대해 우열을 가릴 수 없다고 말하지 않는 한, 가치 등급의 차이는 매우 중요하다."고 베르나르 프리오는 말한다. (위의 책, p. 134.)

**27** Gilbert Boss, *Justifications du revenu universel*, (Québec, 2005).

**28** Guy Aznar, "Pour un travail minimum garanti. Non au revenu d'existence, oui l'indemnité de partage du travail", *Futuribles*, 제184권, 1994, pp. 61-72.

**29** Paul Lafargue, *Le droit à la paresse* (1883), (Paris: Mille est une nuits, 2000), p. 16.

**30** Jean-Marie Harribey, "Les enjeux théoriques et politiques et les risques de l' allocation universelle", intervention lors du colloque international du GRECOS, *Perpignan*, 1999년 10월 20-22일.

**31** Jean-Marie Harribey, "Théorie de la justice, revenu et citoyennet?", *Revue du MAUSS*, 제7권, 1996년 상반기, pp. 188-198.

**32** 위의 책.

**33** Jean-Marie Harribey, "Les enjeux théoriques et politiques et les risques de l' allocation universelle", 1999년 10월 20-22일 페르피냥에서 열린 GRECOS 국제 학술 대회 연설.

**34** Michel Husson, op cit.

**35** Jean-Marie Harribey, "Allocation universelle ou plein emploi?", *La libre Belgique*, 2005년 6월 22일.

**36** Philippe Van Parijs et Yannick Van der Borght, *L'allocation universelle*, (Paris: La Découverte, 2005), p. 61.

**37** Anthony Atkinson, "Participation income", *Citizen's income bulletin*, 제16권, 1993, p. 7-11.

**38** Anthony Atkinson, *Poverty in Europe*, (Oxford: Blackwell, 1998), p. 47. 판 파레 이스와 판 데르 보르트가 인용.

**39** Philippe Van Parijs et Yannick Van der Borght, 앞의 책, p. 190.

**40** Pierre Grelley, "Contrepoint-Les hikikomori ou les asociaux volontaires", 제 168권, *juin 2011*, p. 103.

**41** Valérie Clément et Christine Le Clainche et Daniel Serra, *Économie de la justice et de l'équité*, (Paris: Économica, 2008), pp. 305-306.

**42** 위의 책, p. 306. 경제학자 브루노 방틀루(Bruno Ventelou)는 두 집단을 대상으로 실험한 예를 언급한다. 한 집단은 게임을 자주 함께하는 운동부 학생들이었고, 다른 집단은 경영학과 학생들이었다. 최종 결과는 운동부 학생들의 최종 이익이 경영학과 학생들보다 더 높았다. [Bruno Ventelou, *Au-delà de rareté*, (Paris: Albin Michel), 2001]. 실험 결과에서 확인할 수 있듯이, 집단 안에 존재하는 신뢰가 결정적인 역할을 했다. 경영학과 학생들은 이미 경제이론(합리적으로 행동하는 것이 가장 이익이 된다는 것)을 잘 알고 있었으므로, 처음부터 무임승차자로 행동했음이 분명하다. 이처럼 협력은 각 개인이 경제적 불이익까지도 기꺼이 감수하게끔 한다.

**43** European Social Survey, Round 5, Data(2010). Data file edition 2.0. Norwegian

Social Science Data Services, Norway-Data Archive and distributor of ESS data.

**44** Daniel Häni et Enno Schmidt, *Le revenu de base*, 2008. 이 다큐멘터리는 여러 사이트에서 무료로 볼 수 있다.

**45** M. C. Keeley, *Labor Supply and Public Policy : A Critical Review*, (New York: Academic Press, 1981). Karl Widerquist, "A failure to communicate : What (if anything) can we learn from the negative income tax experiment?", *The Journal of Socio-Economics*, 제34권, 2005, pp. 49–81.

**46** Robert E. Hall, "Effects of the experimental negative income tax on labor supply", Joseph A. Pechman et T. Michael Timpane(dir.), *Work incentives and income guarantees : the New Jersey negative income tax experiment*, (Washington: The Brookings Institution, 1975).

**47** Robinson Hollister, Robert A. Levine, lice O'Connor, Harold Watts, Karl Widerquist et Walter Williams, "A retrospective on the negative income tax experiments : looking back at the most innovate field studies in social policy", *USBIG Discussion Paper*, 제86권, 2004년 6월.

**48** 1997년과 2000년 사이에 주당 35시간 근로 체제를 채택한 기업은 노동시간이 10퍼센트 감소하고, 시간당 생산성이 6.7퍼센트 향상되었다. (cf. Bruno Crépon, Marie Leclair et Sébastien Roux, "RTT, productivité et emploi").

**49** 예를 들면 Layard Richard, *Le prix de bonheur*, [Paris: Armand Colin, 2007(2005)].

**50** Easterlin Richard A., "Does economic growth improve the human lot?", Paul A. David et Melvin W. Reder(dir.), *Nations and households in economic growth : essays in honor of Moses Abramovitz*, (Stanford university press, 1972), pp. 89-125.

**51** Weber Max, L'Éthique protestante et l'esprit du capitalisme, p. 61.

**52** 2007년 ISSP 조사 결과다. "당신은 일에 얼마큼의 시간을 쓰기를 원합니까? a. 더 많은 시간 b. 약간 더 많은 시간 c. 지금과 같은 시간 d. 좀 적은 시간 e. 훨씬 적은 시간. 응답자의 8.4퍼센트가 a 혹은 b로 대답했고, 40.5퍼센트는 c, 51.1퍼센트는 d 나 e로 응답했다. 세부 내용을 보면, 33.9퍼센트가 일에 조금 덜 시간을 쓰고자 했고, 17.2퍼센트는 훨씬 적은 시간을 투자하고자 했다.

**53** Willy le Devin, "Éboueurs : parfois les gens balancent un papier par terre et me disent : tiens, ramasse", *Libération*, 2012년 9월 21일.

**54** 미국 실험에 뽑힌 가정들은 노동시간을 줄인다고 해도 잃을 것이 거의 없는 사람들이었다. 그런데도 참여자들이 실제로 노동시간을 줄이는 데는 2년 반이나 걸렸다. 감소한 시간 역시 아주 적었다. (cf. Philip K. Robins et Richard West, "Labor supply response over time", *The Journal of Human Resources*, 제15권, 1980, p. 524-544. Karl Widerquist의 "A failure to communicate" p. 62에서 인용)

**55** 재원 마련 방법에 관해서는 이미 여러 사람이 저술한 바 있다. 수치를 잘 모르는 아마추어 독자들도 별로 힘들이지 않고 더 자세히 알 수 있을 것이다. (Baptiste Mylondo, *Un Renenu pour tous*, (Paris: Utopia, 2010). Baptiste Mylondo, *Ne pas perdre sa vie à la gagner*, (Bellecombe-en-Bauges: Le Croquant, 2010). Jean-Marie Monnier et Carlo Vercellone, "Fondements et faisabilité du revenu garanti", *dans Multitudes*, 제27권, 2007년 겨울, pp. 73-84. CJD, Objectif oïkos. *Livre blanc du CJD*, (Paris: Eyrolles. 2012).

**56** CJD, Objectif oïkos, *Livre blanc du CJD*, (Paris: Eyrolles. 2012).

**57** Violaine Carrière, "De l'étrtanger au citoyen", *Les Zindigné(e)s*, 제3권, 2012년 여름, pp. 96-99.

**58** 이런 종류의 다양한 활동이 2006년 2월 여러 매체에 보도되었다. (Laure Espieu, "660.000 euros perçus par 150 faux Rmistes britanniques", *Libération*, 2006년 2월 4일.

**59** Guillaume Chantal(1988), "Le minimum social vu de Besançon", *Esprit*, 제144권, pp. 36-43.

**60** Hatchuel Georges(1987), "Quelques expériences locales de revenu minimum social garanti", *Les rapports du CREDOC*, 제27권, p. 161.

**61** Sophie Roquelle, "Aide médicale d'État : ces vérités qui dérangent", *Le Figaro*, 2010년 10월 9일.

**62** Alain Cordier et Frédéric Salas, Repport de l'IGAS et de l'IGS, "Analyse de l'évolution des dépenses au titre de l'aide médicale d'État", 2010년 11월, p. 10.

**63** Violaine Carriére, 앞의 책.

**64** Myron J. Frankman, *World democratic federalism : peace and justice indivisible*,

(New York: Palgrave-Macmillan, 2004).

**65** 이러한 측면에서 2008-2010년도에 나미비아에서 시행된 기본소득 실험 결과는 고무적이다.

**66** 종합적 소개를 위해서는 특히 참조(El Mouhoub, "Quelles sont les conséquences de l'immigration dans les pays riches?", *Regards croisés sur l'économie*, 제8권, 2010년 11월). 이 자료에 나온 OECD 연구 결과를 통해 알게 된 것은 이민자들이 유입돼 활동 인구가 1퍼센트 증가했는데 이것은 GDP가 평균 1퍼센트 상승하는 결과를 가져왔다는 사실이다. 또한 프랑스 경제부 연구 결과를 보면, 2006년도에 이주해 온 5만 명(전 활동 인구의 0.18퍼센트)이 0.1퍼센트 소비를 증가시켰고 수요를 자극하는 데도 기여했음을 알 수 있다.

**67** Roswitha Pioch, "Migration, citizenship, and weelfare state reform in Europe : overcoming marginalization in segregated labour markets", 제9차 기본소득 지구네트워크(BIEN) 연설, *Genève*, 2002년 9월 12-14일.

**68** Albert O. Hirschman, *Deux siècles de rhétorique réactionnaire*, (Paris: Fayard, 1991).

**69** Lionel-Henri Groulx propose un exposé détaillé des controverses scientifiques qui ont suivi les expérimentations américaines et revient également sur les failles méthodologiques de chacune d'elles (cf. Groulx Lionel-Henri, op. cit.). Voir aussi Hollister Robinson et al. (2005), "A retrospective on the negaitve income tax experiments : looking back at the most innovate field studies in social policy", dans Wi-derquist, Lewis et Pressman, *The Ethics and economics of the basic income guarantee*, Aldershot, Ashgate, pp. 95-106.

**70** Guy Aznar, Pour le travail minimum garanti. Non au revenu d'existence, oui ál'indemnité de partage du temps de travail, *Futuribles*, 제184권, 1994년 2월.

**71** Suivant la formule limpide de Boris Vian.

# 조건 없이 기본소득

초판 1쇄 발행 | 2014년 6월 30일

지은이        바티스트 밀롱도
옮긴이        권효정
편집          김성희, 여미숙
디자인        김한기, 김수정

펴낸곳        바다출판사
발행인        김인호
주소          서울시 마포구 어울마당로5길 17(서교동, 5층)
전화          322-3885(편집), 322-3575(마케팅)
팩스          322-3858
E-mail        badabooks@daum.net
홈페이지       www.badabooks.co.kr
출판등록일     1996년 5월 8일
등록번호       제10-1288호

ISBN  978-89-5561-720-7 03300